Überzeugende Kommunikation in der IT

Erfolgreiches Voranbringen komplexer Vorhaben in der Beratung & im Vertrieb: das WARUM WAS WIE Prinzip

Der Bedarf für das WARUM? WAS? WIE? Prinzip

Es gibt den Maler, der aus der Sonne einen gelben Fleck macht,
und es gibt auch den,

der mit Überlegung und Geschick aus einem gelben Fleck eine Sonne macht.
[Pablo Picasso]

Für die Malerinnen der beiden Kunstwerke

Besuchen Sie auch den Blog: **http://warumwaswie.wordpress.com**

 #warumwaswie

ISBN: 978-1502780577

1   **Prolog** 6

2   **Einleitung** 7

  2.1   Der Bedarf für das WARUM? WAS? WIE? Prinzip.. 9

  2.2   Die 1. Hürde vor der Umsetzung Ihres Vorhabens ist im Kopf aufgestellt................. 10

  2.3   Das Ziel und die Herangehensweise dieses Buches 15

3   **Die Herausforderungen des Alltags: IT, Unternehmen, Kommunikation & die Behäbigkeit 18**

  3.1   Der Status quo.. 19

    3.1.1   Kodak, Palm, Quelle: 3 Unternehmen, die es von ganz weit oben bis ganz weit unten geschafft haben... 19

    3.1.2   Die Status quo Polizei: die, die den Stillstand bewahren 20

    3.1.3   Die Unfähigkeit eines Menschen seine Situation zu verändern 21

    3.1.4   Der Status quo im Alltag 23

  3.2   Das menschliche Gehirn 25

    3.2.1   Das Alte & das Neue Gehirn 26

    3.2.2   Wie erreichen Sie das Alte Gehirn? 28

    3.2.3   Das WARUM, WAS & WIE in Worte fassen.. 30

  3.3   Nutzenorientierung 32

  3.4   Motivation alleine reicht für den Erfolg nicht aus. Es bedarf einer Kombination aus Motivation und Methodik... 33

  3.5   Der träge Mensch mag keine Veränderungen.. 35

  3.6   Problem-basierte Veränderungen < > Innovationen... 37

  3.7   IT Vertrieb und IT Beratung sind heute anders.. 38

4   **Das erfolgreiche Voranbringen Ihres Vorhabens: Gehör verschaffen & effizienter kommunizieren** 44

  4.1   Überzeugende Kommunikation beginnt mit der expliziten Analyse für den Grund der Veränderungen 44

    4.1.1   Hervorheben der Beweggründe Ihres Vorhabens... 46

    4.1.2   Eine Veränderung betrifft primär Personen, Prozesse & Technologie 47

    4.1.3   Konkret benötigte Maßnahmen & Technologien der Umsetzung Ihres Vorhabens 47

    4.1.4   Ihr Auditorium: Entscheider, Nutznießer, Betroffene & Gegner 48

  4.2   Die Methodik im Überblick 50

    4.2.1   WARUM: Treiber, Ziele & Nutzen aus Unternehmenssicht............................. 53

4.2.2   Die „Power Message" & die Adressierung des Alten Gehirns 66
4.2.3   Die Überleitung vom WARUM zum WAS 71
4.2.4   WAS: Prozesse, Tools & Personen 73
4.2.5   WIE: Technologien & Maßnahmen...82
4.2.6   Von den Maßnahmen und Technologien zum zeitlichen Ablauf 90
4.2.7   Zusammenfassung: WARUM – WAS – WIE..91
4.2.8   Unterschiede in Vertrieb und Beratung 96
4.2.9   WER: Entscheider, Unterstützer, Gegner und Betroffene identifizieren............96

5   Praktische Anwendungsbeispiele...107

5.1   Beispiel #1: Im Vertrieb - der RfP...*107*
5.1.1   Der Ablauf ohne WARUM? WAS? WIE?..107
5.1.2   Der Ablauf mit WARUM? WAS? WIE?..108

5.2   Beispiel #2: Strategische Beratung & Vertriebsunterstützung.......................*116*
5.2.1   Der Ablauf ohne WARUM? WAS? WIE?..116
5.2.2   Der Ablauf mit WARUM? WAS? WIE?..117

5.3   Beispiel #3: Interne Beratung und Optimierung *126*
5.3.1   Der Ablauf ohne WARUM? WAS? WIE?..127
5.3.2   Der Ablauf mit WARUM? WAS? WIE?..128

1   Prolog

Sich zu Veränderungen durchzuringen fällt schwer. Dies gilt sowohl für das Privatleben als auch für den beruflichen Alltag.

Wenn Sie andere davon überzeugen wollen etwas zu verändern – z. B. im Vertrieb oder der (internen) Beratung – dann ist dies umso schwerer.

Insbesondere im IT Geschäft, in dem jedes Quartal 3, 4 neue Technologien oder Trends auftauchen, wird primär technisch kommuniziert. Man argumentiert technisch und verkürzt mit Fachbegriffen, die maximal 4 Buchstaben haben. Das Resultat Ihrer vorgeschlagenen Veränderung sind in 87% aller Ihrer Fälle: Vorbehalt und/oder Ablehnung.

Sie können Probleme nie mit derselben Denkweise lösen, mit der Sie diese Probleme erschaffen haben. Sie können Menschen, die eine Entscheidung fällen müssen, selten davon überzeugen, etwas zu verändern, wenn Sie hauptsächlich technisch argumentieren.

In diesem Handbuch werden Sie lernen

- wie **überzeugende Kommunikation** im überwiegend technisch geprägten IT Alltag funktioniert
- wie Sie komplexe **IT Vorhaben erfolgreich voranbringen** – ganz gleich ob Sie in der internen oder externen Beratung tätig sind, oder ein Produkt bzw. eine Lösung vertreiben
- wie Sie von der IT Ebene aus **sich Gehör auf der Entscheidungsebene verschaffen**
- wie Sie im Kontext des organisatorischen Zusammenhangs argumentieren und **den Nutzen betonen**

Die in diesem Buch vorgestellte Methodik ist keine hohe Wissenschaft. Es geht lediglich darum, Ihre eigene Denk- und Argumentationsweise in die folgende Reihenfolge zu bringen: WARUM WAS WIE. Nicht mehr und nicht weniger. Was so simpel klingt ist auch simpel. Ihr Ziel wird es sein, genau nach diesem Muster zu agieren, zu argumentieren und dadurch erfolgreicher in dem zu sein, was Sie täglich tun.

2   Einleitung

Im Alltag des IT Berufs beschäftigt man sich in der Regel mit vielen unnützen Dingen:
- Vorstudien, die niemals in einer Realisierung enden,
- Meetings, die jemand einberuft und bei denen man sich fragt, welchen Nutzen sie stiften,
- Sales Pitches, bei denen man sich fragt, ob solch ein Produkt wirklich sinnvoll ist,
- E-Mails, die unendlich lang sind, die man gar nicht zu Ende liest und die an die halbe Firma adressiert sind
- Konversationen, bei denen jemand behauptet, man müsse endlich handeln – aber warum man handeln sollte ist nicht transparent
- ...

Haben Sie Parallelen zu Ihrem IT Alltag gefunden? Stellen Sie sich nun vor, dass andere dasselbe auch über Ihr einberufenes Meeting, Ihre letzte E-Mail oder Ihren letzten Sales Pitch denken. Stellen Sie sich vor, dass auch Ihr Anliegen, Dinge zu verändern, als derart unnütz abgestempelt wird.

Wie wäre es also, wenn Sie Ihr Gegenüber schnell und einfach davon überzeugen können, warum eine Veränderung wichtig ist, was genau sich ändern wird (oder muss) und wie diese Veränderung umgesetzt werden kann? Wie wäre es, wenn jeder von der Veränderung Betroffene weiß, warum eine Veränderung angestrebt wird, was genau sich ändern wird (oder muss), und wie diese Veränderung umgesetzt wird? Wie wäre es, wenn die von Ihnen angestrebte Veränderung umgesetzt wird?

Die Überfrachtung mit Informationen

Jeder Mensch wird im Privat- & Berufsleben von viel zu vielen, größtenteils sinnlosen Informationen überfahren. Viel zu viele E-Mails, Social- und Kurznachrichten kombiniert mit Folien, Webkonferenzen etc. gilt es jeden Tag zu bewältigen. Derjenige, der entscheiden muss, muss neben all diesem Wirrwarr eine Vielzahl von Entscheidungen treffen. In Organisationen sind zwar viele Personen an der Vorbereitung einer Entscheidung beteiligt. Die Entscheidung aber zu fällen obliegt nur relativ wenigen. Und die Entscheidung bzgl. Ihres Vorhabens ist eine von vielen, für die nur wenig Zeit zur Verfügung steht. Insbesondere, wenn Ihr Vorhaben nicht zu den 3 Top Projekts gehört, die unter enormem Erfolgsdruck stehen und die den Großteil der zur Verfügung stehenden Zeit der Entscheidungsebene in Anspruch nehmen.

Um an Ihr Ziel zu gelangen müssen Sie jemanden davon überzeugen, etwas zu verändern. Und dieser jemand wird ebenso wie Sie von viel zu vielen Informationen überschüttet. Dieser jemand hat auch individuelle Ziele. Dieser jemand hat nur wenig Zeit für Sie, bevor der Nächste etwas von ihm möchte.

Letztendlich wissen Sie zwar, WAS Sie machen, WIE Sie es machen und WARUM Sie es machen. Aber **insbesondere in der IT kommunizieren Sie häufig nur das, WAS Sie machen und WIE Sie es machen**: „Wir haben mehr Speicherplatz hinzugefügt". „Wir sind Marktführer laut Gartner". „Wir haben alles dynamisiert". „Unsere Serviceverfügbarkeit liegt bei 99,99%". „Peter ist in der Cloud und Sie?". „Wir benötigen neue Abrechnungsmodelle". „Wir werden die Organisation verändern". „Wir schaffen die ultimative Plattform" usw.
Diese Form der Kommunikation ist nicht kompatibel mit der Sprache der Entscheidungsebene.

Vorhaben und Veränderungen müssen entschieden werden. Der Entscheidungsträger hat einen vollen Terminkalender. Je größer das Unternehmen, desto weniger Zeit hat er. Jeder möchte etwas von ihm – egal ob intern oder extern. 60 E-Mails in seinem Postfach sind noch ungelesen. Zu Hause hat er Ärger und in 10 Minuten haben SIE Ihren 30 minütigen Termin bei ihm. Rein statistisch gesehen haben SIE nun 2-5 Minuten Zeit, um sein Interesse zu wecken bevor er nicht mehr 100%ig zuhört. Also – was erzählen SIE ihm?

Der Entscheider muss nach 2-5 Minuten dieses Gefühl haben: SIE verstehen
womit er sein Geld verdient. SIE wissen, welche Ziele er hat. SIE können ihm helfen, seine Ziele zu erreichen. SIE können ihm dabei helfen seine Situation zu verbessern. Er ist erfolgreicher dank Ihrer Hilfe. **SIE können davon ausgehen, dass er die vorgeschlagene Veränderung mit 65%iger Wahrscheinlichkeit umsetzt.**[1]

Oder hat er nach 2-5 Minuten dieses Gefühl? SIE versuchen ihm von A-Z alles im
Detail zu erklären aber SIE haben keine Ahnung davon, welche Herausforderungen sein Bereich gerade hat. SIE erzählen ihm gerade dieselbe Geschichte wie demjenigen, bei dem SIE gestern waren. Eigentlich haben SIE ja Recht, aber er müsste sich irgendwann einmal überlegen in welchen Bereichen genau das, was SIE ihm erzählt haben, Sinn machen könnte. Ihr Ansatz ist ganz interessant – aber wo könnte er so etwas nur einsetzen? **SIE können davon ausgehen, dass er die vorgeschlagene Veränderung mit 35%iger Wahrscheinlichkeit umsetzt.**[2]

---

[1] vgl. Peterson, Erik / Riesterer, Tim, *Conversations That Win The Complex Sale*, 2011, S. 12ff

[2] vgl. Peterson, Erik / Riesterer, Tim, *Conversations That Win The Complex Sale*, 2011, S. 12ff

2.1   Der Bedarf für das WARUM? WAS? WIE? Prinzip

Abgesehen von IT Administratoren besteht die Hauptarbeitszeit eines IT Mitarbeiters darin mit Menschen zu kommunizieren: Man schreibt E-Mails, liest E-Mails, telefoniert, sitzt in Meetings oder nimmt an Webkonferenzen teil. Die reine Technik nimmt nur geschätzte 10 % der Arbeitszeit in Anspruch.

Im Arbeitsalltag geht es darum, Entscheidungen zu treffen, Menschen von seiner eigenen Mission oder vom eigenen Produkt zu überzeugen und die Effizienz des eigenen Arbeitsalltags zu erhöhen. Und genau hierbei hakt es sehr oft. Viele Fachleute erkennen einen Missstand oder ein Verbesserungspotential, können es aber nicht „nach oben tragen" bzw. bekommen „von oben" nicht das sprichwörtliche *Go* zur Umsetzung bzw. Einführung. Genauso oft kann man beobachten, dass in der Zusammenarbeit mit Kunden das eigene Produkt technisch angepriesen wird, der Kunde aber nicht genau weiß, was er damit anfangen soll bzw. welchen konkreten Nutzen dieses Produkt stiften wird. Man diskutiert Technik mit Technikern, die Entscheidungen werden aber zunehmend nicht mehr von reinen Technikern getroffen, sondern von Menschen, die abstrahieren.

Die Problematik des Alltags ist, dass die Kommunikation zwischen IT'lern in der Regel nur die technische Ebene adressiert. Und diese ist unendlich groß. Man kann unendlich viele Folien auf der technischen Ebene machen. Derjenige, der Entscheidungen für oder gegen Technik treffen muss, benötigt meistens einen Übersetzter, der ihm ganz einfach erklärt, **WARUM dieses Vorhaben gut für das Unternehmen ist**, **WAS organisatorisch verändert werden muss**, damit dieses Vorhaben wirken kann und **WIE dieses Vorhaben technologisch unterstützt** wird, d. h. welche Technik zum Einsatz kommen muss.

Das WARUM? WAS? WIE? Prinzip dreht lediglich die Art und Weise um, wie wir üblicherweise in der IT argumentieren. Wir verändern daher nur das, wie wir miteinander kommunizieren.

Simon Sinek drückt es in seinem Bestseller *Start with Why* so aus: **Menschen kaufen nicht WAS wir machen sondern WARUM wir es machen**. Und darum werden wir lediglich die Gründe, die uns dazu bewegen, ein Veränderungsvorhaben vorzuschlagen, an den Anfang jeglicher Kommunikation setzen. Danach folgt das WAS in Form von organisatorischen Veränderungen, die mit dem WARUM verknüpft sind. Die Technik, also das WIE, stellen wir ganz an den Schluss.

Indem Sie die Argumentationskette in die Reihenfolge WARUM? WAS? WIE? bringen können Sie die Technik (also das WIE) immer in Bezug zu organisatorischen Veränderungen (also das WAS) und den damit verbundenen Nutzen (das WARUM) eines Unternehmens setzen.

Die visuelle Technik, die hierbei zum Einsatz kommt, ist eine sogenannte *Benefit Dependency Map*, die die einzelnen Argumente sichtbar in den Zusammenhang setzt. Jegliche Kommunikation bzgl. Ihres Vorhabens wird mit Hilfe der Argumentationskette untermauert: **Wir tun was wir gerade tun indem wir Folgendes verändern, um genau diesen Nutzen zu erzielen**.

2.2 Die 1. Hürde vor der Umsetzung Ihres Vorhabens ist im Kopf aufgestellt

Sie können Probleme nie mit derselben Denkweise lösen, mit der Sie die Probleme erschaffen haben
[A. Einstein]

Der heutige Arbeitsalltag von Menschen in der IT ist geprägt von Aufgabenteilung, Hierarchie, Standardisierung, Outsourcing, Outtasking, Stress und – vor allem – Kommunikation. Geschätzte 90% seiner Arbeitszeit verbringt ein IT Mitarbeiter damit mit Menschen zu kommunizieren (lesen von E-Mails, schreiben von E-Mails, Filterregeln für den Posteingang anlegen und verwalten, Telefonkonferenzen abhalten, an Meetings teilnehmen usw.). Die reine Technik nimmt demnach nur 10 % der Arbeitszeit in Anspruch. Der durchschnittliche IT'ler ist aber Techniker und seht sich innerlich danach, diese 10% zu erhöhen. In der Kommunikation mit anderen ist daher die Technik immer dominant.

Es gibt nur noch wenige Unternehmen, die in der IT eine 100%ige Fertigungstiefe haben. Daher müssen in einem einkaufenden Unternehmen Entscheidungen über Netz-, Hard- & Softwaresysteme, deren Qualität & Kosten, deren Betreiber sowie deren Hersteller getroffen werden. In einem verkaufenden Unternehmen, das Netz-, Hard- & Softwaresysteme bzw. Betriebsdienstleistungen anbietet, muss dem Kunden vermittelt werden, dass das eigene Produkt Nutzen stiftet.

Egal ob intern (also im einkaufenden Unternehmen) oder extern (also im verkaufenden Unternehmen) muss man Menschen davon überzeugen, dass das angestrebte Vorhaben (intern = ein Produkt einzuführen, die Qualität zu erhöhen, die Komplexität zu reduzieren etc.; extern = ein Produkt oder eine Dienstleistung zu verkaufen) nützlich im Sinne der Unternehmenszielerreichung ist. Und genau hierbei tun sich viele schwer. Man diskutiert viel zu lange, WAS man macht und WIE man etwas macht, doch WARUM man etwas macht wird vernachlässigt.

WARUM soll man Ihr Vorhaben intern umsetzen? WARUM soll man Ihr Produkt bzw. Ihre Dienstleistung kaufen?

Jeder weiß in der Regel, WAS er macht, WIE er es macht und WARUM er es macht. Aber WARUM der Kunde ausgerechnet Ihr Produkt kaufen soll, wird nicht klar. Wenn Ihr Unternehmen beispielsweise eine neue Idee hat und als erstes Unternehmen Standardleistungen online (also aus der Cloud anbietet), so ist dies innovativ und neu. Es gibt einen Grund, WARUM Kunden diese Lösung kaufen. Wenn Ihr Unternehmen jedoch nur einfach auf den Cloud Zug aufspringt, werden Sie vom Kunden auf die Gesprächsebene des WAS Sie machen und WIE Sie es machen gedrängt. Und hier vergleicht man Features, Preise & Co.

Wenn Sie hingegen erfolgreich sein wollen, müssen Sie die emotionale Ebene Ihrer Zielgruppe (dem Auditorium) ansprechen, die über die WARUM Ebene angesprochen wird. In unserem Cloud Beispiel könnte dies das fiktive Unternehmensziel sein, alle öffentlich verfügbaren Cloud Produkte privat für Unternehmen anzubieten.

Wer sein Vorhaben im Unternehmensalltag einem Kreis von professionellen IT Entscheidern vorlegt, der bekommt meist folgende drei Fragen in genau dieser Reihenfolge gestellt:[3]

1. WARUM soll das Investment in Ihr Vorhaben getätigt werden und welchen Nutzen kann die Organisation aus diesem Vorhaben ziehen?
2. WAS muss organisatorisch verändert werden, damit Ihr Vorhaben wirken kann?
3. WIE wird Ihr Vorhaben konkret umgesetzt?

Die meisten Techniker können das WIE problemlos schildern. Da so viel Zeit für die Erläuterung des WIE aufgewendet wird, bleibt wenig Zeit zur Erläuterung des WAS. Und das WARUM sollte doch eigentlich jeder wissen, oder?

Das Problem der Technik ist die Technik: WIE WAS WARUM?

Technik ist allgegenwärtig und fast jeder ist irgendwie mit der Technik konfrontiert. Die IT macht alles möglich aber auch alles kompliziert. Wenn Sie einem typischen IT'ler die Frage stellen, ob etwas funktioniert und ob er es (z. B. eine neue Lösung „X") möglich machen kann, dann wird er sicherlich *Ja* sagen – mit dem bekannten *Wenn*-Zusatz. In diesem Fall sind Sie der Auftraggeber und der andere ist der Auftragnehmer. Er ist der Experte. Er fragt Sie, wie genau die Lösung aussehen soll und rennt los.

Der Auftragnehmer konzentriert sich in diesem Fall auf das WAS und WIE: Er weiß nun, WAS er tun soll und fragt sich dann, WIE er Ihren Auftrag technologisch umsetzen kann. Auftragsvergabe – Auftragsannahme. WARUM Sie ihm diesen Auftrag geben bzw. WARUM Sie wünschen, dass er genau das für Sie möglich macht wird er in der Regel nicht fragen. Sie werden sicherlich Ihre Gründe haben. Sie wollen ja, dass er Ihnen X baut. Ihr Auftragnehmer zieht nun los, besorgt sich Unterstützung, und die Nachricht an seine Unterstützer wird sein, dass X gebaut werden muss. Seine Unterstützer konzentrieren sich jeweils auf einzelne Teile des Zusammenbaus von X und er oder sein Projektleiter sorgen dafür, dass die Einzelteile von X zur rechten Zeit zum Zusammenbau zur Verfügung stehen. Irgendwann geht etwas nicht. Es kommt zu Kompromissen und Workarounds, denn X muss ja genauso aussehen, wie beschrieben wurde.[i] Jeder Unterstützer sorgt sich darum, dass er seinen Teil abliefert. Sollte er sich die Frage stellen, WARUM er es tun soll, lautet die Antwort schlichtweg: „Genau das ist mein Auftrag!"

---

[3] Vgl. auch Ward/Peppard et al. / *Establishing the Why, What and How*

Hierzu passt der schon etwas ältere aber noch immer aktuelle Comic aus dem Anforderungsmanagement, bei dem der Kunde erklärte, dass er eine Schaukel haben möchte, die dann von den unterschiedlichen Beteiligten (dem Berater, dem Entwickler, dem Projektleiter usw.) in kuriose Gegenstände (Achterbahn, Sessel an Seilen etc.) uminterpretiert wurde.

„Ich habe eine Vision" vs. „Ich habe einen Plan"

Angenommen, Sie verfügen über Unmengen von Geld. Um Ihr X zu erstellen kann der Auftragnehmer die besten Techniker beauftragen, die es für Geld zu kaufen gibt. Jeder dieser Techniker ist ein Experte auf seinem Gebiet. Ihr Auftragnehmer teilt das Problem, X zu erstellen, in Teilprobleme auf und verteilt die Teilprobleme an die Fachexperten.

Und dennoch scheitert Ihr Projekt. Dabei hatten Sie doch alle Experten zur Hand. Ähnlich ergeht es beispielsweise Unternehmen, die im Silicon Valley neue Produkte erschaffen. Einige Unternehmen schaffen es und andere nicht. An Experten und Geld mangelt es selten. Microsoft, Dell, HP, HTC, Palm und Nokia beispielsweise haben schon weit vor Apple Geräte auf den Markt gebracht, mit denen man telefonieren und E-Mails lesen konnte. Microsoft hat beispielsweise bereits 1991 ein Windows for Pen herausgebracht. 1996 hat Microsoft das erste WindowsCE herausgebracht, das neue Features versprach und die damals angesagten, mobilen und PC-ähnlichen 32bit Geräte adressierte. 1998 kam Palm und verbesserte die Technik. Microsoft brachte dann im Jahr 2000 Pocket PC heraus, was primär Farben auf die mobilen Geräte brachte. Die Materialschlacht ging weiter und die mobilen Geräte wurden um Telefonfunktionalitäten erweitert. Die technischen Features interessierten vor allem Techniker, weil Techniker verstanden, was der Unterschied einer neuen Prozessorgeneration oder größeren RAMs bedeuteten. Und die Unternehmen kommunizierten vorwiegend technisch: im Herbst werden wir die neue Version unseres Produktes mit folgenden tollen Features veröffentlichen.

Die Unternehmenswelt hat die IT jedoch im Zuge der letzten Jahrzehnte jedoch immer weiter standardisiert und strukturiert. Der Anteil der Eigenfertigung ist ähnlich wie in der Automobilindustrie immer weiter zurückgegangen. IT wird als Service sowohl intern als auch extern eingekauft und ist heutzutage wichtiger und komplizierter als je zuvor. Der u. a. von Karl-Heinz Lang als *Digitaler Darwinismus* bezeichnete Wandel in der die IT nutzenden Welt sorgt dafür, dass der Vertrieb noch viel beratungsintensiver ist als je zuvor. Genauso verhält es sich mit der Beratung, die viel mehr Vertriebsanteile hat als dass dies früher vielleicht der Fall war.

Die überwiegende Anzahl der Unternehmen hat bis zu diesem Zeitpunkt lediglich das WAS und WIE adressiert – die technische Ebene, die von denen verstanden wird, die Technik verstehen. Möchte man jedoch die Masse der Menschen bewegen, muss man primär die emotionale Ebene adressieren, die über das WARUM erreicht wird. Im Gegensatz zu den eben genannten Firmen hat Apple es geschafft, die emotionale Ebene der Masse zu erreichen. Emotionen führen dazu, dass Käufer tagelang vor einem Geschäft kampieren, um das neue Produkt zu kaufen.

Simon Sinek schreibt in *Start with Why*: Martin Luther King konnte die Masse der Menschen bewegen, weil er einen Traum (also eine Vision) hatte, die er den Menschen vermittelte. Jeder, der sich hiervon bewegen ließ, folgte nicht primär Dr. King sondern identifizierte sich mit der Vision und war emotional gefesselt. Politiker, die eher Pläne (= Technik, WAS, WIE) kommunizieren, erreichen nicht die emotionale Ebene (= WARUM), und daher bewegen sie auch nur wenige.

Kann man langweilige Themen mit Emotionen verknüpfen?

Es ist schwer vorstellbar, dass derartige Emotionen im täglichen Geschäft eines Unternehmens oder im Vertrieb von Technologieprodukten möglich sind. Stellen wir uns das neuste Release eines Mailservers vor: Ein „Wow! Sexy!" können wir kaum erwarten. Auch nicht, dass die Entscheider von potentiellen Unternehmen unten am Empfang Schlange stehen und unbedingt diesen neuen Mailserver erwerben wollen. Es ist eher so, dass die Techniker an den neuen Features interessiert sind, die es z. B. ermöglichen, dass der Server nun komplett virtualisiert werden kann und dass Mails langfristig archiviert werden können.

Ein internes Projekt muss teilweise noch härter verkauft werden als ein Produkt, das man einem externen Käufer anbietet. Generell gilt für Käufe, dass die Entscheider auf der Käuferseite entweder den Bedarf für eine Sache erkennen und entsprechendes Budget einplanen, oder dass die Entscheider auf der Käuferseite überzeugt wurden, dass es einen Bedarf für die Sache gibt, für die noch kein Budget eingeplant wurde. Und bei letzterem muss das WARUM adressiert werden und die Emotion für die Sache erzeugt werden. Ein plakatives Beispiel für eine solche Adressierung der emotionalen Entscheidungsebene ist eine überaus erfolgreiche Werbekampagne von Salesforce, bei der den Entscheidern vermittelt wurde, dass sie beim Einsatz der entsprechenden Software mehr Zeit auf dem Golfplatz verbringen können.[ii]

In diesem Buch wird Ihnen eine Methodik vermittelt, die auf der Annäherungsmotivation basiert. Sie motivieren Menschen und überzeugen diese von Ihrem Vorhaben indem Sie die Darstellung einer inspirierenden und plausiblen Vision erzeugen. Die Motivation wird stets bildlich mittels WARUM, WAS & WIE vermittelt, damit sich die Beweggründe und die Maßnahmen tief in Ihrem Auditorium verankern können.

Gerade wenn die Zeit verstreicht, die Motivation der Wegbegleiter abnimmt wird die Kritik der Halb- oder Nichtswissenden (meistens passiert dies in der Kantine) zunehmen.

Veränderungen müssen mit Nutzen assoziiert sein

Jeder Mensch verfolgt individuelle Ziele innerhalb einer Organisation. Sei es der Aufstieg auf der Karriereleiter oder das möglichst lange Schwimmen unter dem Radar mit möglichst wenig Arbeitsbelastung. Letztere werden Sie mit Ihrem Vorhaben nicht weiterbringen. Erstere benötigen sichtbare Erfolge, die zum Aufstieg verhelfen.

Erfolge sind das Resultat von Anstrengungen, die mit Veränderungen verbunden sind und Veränderungen müssen einen positiven Nutzen aufweisen. Letzteres wird in der IT häufig vermisst. Auch wenn ein Projekt in der veranschlagten Zeit und mit dem ausgewiesenen Budget punktgenau abgeschlossen wird muss dies nicht heißen, dass mit dem Projekt auch ein Nutzen verbunden ist. Diejenigen, die von der Veränderung, die das Projekt mit sich brachte, direkt betroffen sind, merken recht schnell, ob sich die Anstrengung gelohnt hat oder nicht.

Unternehmen haben aus den Erfahrungen gelernt und evaluieren Projekte mehr denn je bzgl. des mit dem Projekt verknüpften Nutzens. Ward/Peppard et al. vermuten, dass in vielen Organisationen immer noch ein geringes Verständnis bzgl. des Zusammenhangs von Nutzen und IT-Projekten besteht. Insbesondere glauben Ward/Peppard et al., dass viele Organisationen nicht wissen, was genau getan werden muss, um Nutzen durch IT zu stiften. Auch ignorieren viele, welche Rolle das Business bei der Identifikation und Realisation des Nutzens spielt.

Wenn Sie nun etwas erfolgreich verändern wollen, müssen Sie Nutzen stiften. Und sie benötigen Sponsoren für die Veränderung durch Sie. Der Geldgeber ist praktisch das Business, also derjenige Teil eines Unternehmens, der das Geld verdient und dem Sie mit Ihrer Veränderung helfen, mehr oder leichter Geld zu verdienen als vorher.

Veränderung können zum einen intern in ein Unternehmen hineingetragen werden, indem Sie als Mitarbeiter des Unternehmens mit einem Vorhaben[iii] beauftragt werden. Oder Sie versuchen zum anderen ein IT Produkt in einem Unternehmen aktiv zu verkaufen. In beiden Fällen handelt es sich um einen Verkauf. Bei dem internen Vorhaben, das wir im Folgenden als Beratung bezeichnen werden, müssen Sie Ihre Sache an ein internes Auditorium verkaufen, so dass Sie dieses Auditorium unterstützt. Beim Vertrieb hingegen müssen Sie den Kunden (das externe Auditorium) von Ihrem Produkt überzeugen. Intern jemanden zu überzeugen ist schwieriger als extern jemanden zu überzeugen.

In beiden Fällen gilt: Das Auditorium wird nach dem Nutzen fragen, das mit Ihrer Mission verknüpft ist. Und der Nutzen erschließt sich, indem man nach dem WARUM fragt. Warum sollte jemand unser Vorhaben unterstützen? Warum sollte jemand unser Produkt kaufen? Welchen Nutzen kann dieser Jemand realisieren?

Nachdem geklärt ist, WARUM man uns unterstützen sollte und die emotionale Hürde also genommen wurde, wird man uns nach dem WAS und WIE fragen. Beim WAS wird der organisatorische Aspekt hinterfragt: „WAS müssen wir in unserer Organisation verändern, um aus dem Vorhaben einen Erfolg zu ziehen?" Ganz am Ende wird das WIE hinterfragt, das die technische Ebene adressiert: „Welche Maßnahmen und welchen Technologien führen zu den gewünschten Veränderungen der Organisation?"

2.3   Das Ziel und die Herangehensweise dieses Buches

Im Rahmen dieses Buches werden Sie das WARUM? WAS? WIE? Prinzip auf die IT anwenden. Sie werden beispielhaft sehen, wie Analysen im Rahmen von Vertrieb und Beratungsprojekten anders aufgebaut werden können als man es evtl. bereits heute praktiziert. Damit Sie Ihr Auditorium für unser Vorhaben gewinnen können, müssen Sie das WARUM in den Vordergrund rücken, bevor Sie erläutern, WAS Sie verändern wollen und letztendlich WIE Sie es verändern wollen.

Die Methodik, die Sie im Folgenden sowohl theoretisch als auch in konkreter Anwendung sehen werden, wird Sie in die Lage versetzen, die kausalen Zusammenhänge komplexer IT Veränderungsprozesse zur erfassen und deren Nutzen zusammen mit deren Beweggründen transparent zu machen. Sie orientieren sich primär an der WARUM? WAS? WIE? Fragetechnik und erlernen, warum ein Kunde oder eine Organisation eine Veränderung braucht, was dazu verändert werden muss und wie die Veränderung erzielt werden kann. Dass hierzu Produkte benötigt werden ist zweitrangig.

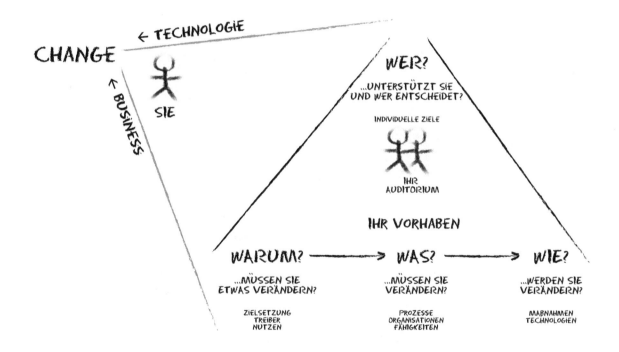

Im weiteren Verlauf dieses Buches stellen Sie Ihr Vorhaben in den Mittelpunkt und dekomponieren das Vorhaben getreu dem WARUM? WAS? WIE? Prinzip - jedoch mit dem Fokus auf den unternehmerischen Kontext. Sie analysieren Ihr Auditorium und filtern diejenigen Personen heraus, die Ihr Vorhaben unterstützen würden, weil es sie selbst weiterbringt bzw. weil es mit ihren individuellen Zielen harmoniert. Eine Person kontrolliert dieses Konstrukt: Sie. Sie führen die Diskussionen, Sie dekomponieren, Sie analysieren: Die Veränderung (bzw. neudeutsch der *Change*) als Komposition von Business und Technologie.

Diejenigen, die Ihnen vertrauen, werden sich anstrengen. Denn der Lohn für ihre Anstrengung ist die Motivation, dass sie für etwas Größeres arbeiten als nur einfach „ihren Job zu machen".

Herangehensweise

Sie kombinieren im Folgenden unterschiedliche Mechanismen miteinander, um pragmatisch den Grundstein für Ihr Veränderungsvorhaben setzen zu können. Einer dieser essentiellen Mechanismen ist die Methodik des im Englischen als *Benefits Management* bezeichneten Ansatzes. Hierbei wird der Nutzen in den Vordergrund von IT Vorhaben gerückt, wobei der Nutzen die emotionale WARUM Ebene eines Unternehmens adressiert. Die rationalen Faktoren, das WAS und WIE werden anschließend in Verbindung mit dem Nutzen gebracht. Das Resultat ist eine sog. *Benefits Dependency Map*, kurz BDN, die Ihr Vorhaben visuell veranschaulicht.

Da das Benefits Management jedoch stark theoretisch auf die Evaluierung von Projekten ausgerichtet ist und somit eher die Wirtschaftlichkeit adressiert als das Auditorium für sein Vorhaben zu gewinnen, fokussieren Sie sich stark auf die praktische Anwendbarkeit des WARUM? WAS? WIE?.

Ihr Aufwand wird zunehmen – anfänglich

Die Methodik, die hier erläutert wird, reduziert nicht Ihren Aufwand – d. h. Sie werden sicherlich nicht weniger arbeiten als jetzt. Eine gute Präsentation erfordert eine gute Vorbereitung. Und Vorbereitung bedeutet Arbeit. Mehr Arbeit für Sie und mehr Arbeit für die anderen, mit denen Sie zusammenarbeiten. Wenn Sie etwas verändern wollen müssen Sie Menschen überzeugen. Und dies ist harte Arbeit.

Nutzen-Orientierung ist kein Garant per se für mehr Erfolg in Vertrieb und Beratung. Wenn Sie ein schlechtes Produkt haben, dann wird Sie die WARUM? WAS? WIE? Methodik nicht zum Erfolg führen. Wenn Sie niemanden von Ihrer Mission überzeugen können, weil die Organisation stark ellbogenlastig und superpolitisch ist, dann wird Ihnen die vorgestellte Methodik auch nicht dabei helfen, erfolgreicher zu sein. Die Methodik reichert in diesem Fall höchstens Ihren täglichen Arbeitsalltag an.

Hierbei sollten Sie beachten, dass harte Arbeit auch nicht zwangsweise zum Ziel führt. Auch wenn Sie das ein oder andere Herz gewinnen, kann es Ihnen wie Alain Prost passieren, dass Sie die Ziellinie überhaupt nicht überqueren. In der Formel 1 ist es die Kombination aus Fahrer, Technik und vor allem Strategie, die den Unterschied macht. Ein guter Fahrer mit einer exzellenten Tankstrategie kann auch gewinnen, wenn die Technik nicht so gut ist, wie die der anderen.

[Beim Großen Preis von Deutschland in Hockenheim 1986 wurde es sehr dramatisch. Ab der 10. Rennrunde führt Piquet dicht gefolgt von Rosberg. Nach jedem Boxenstopp tauschen sich die beiden an der Führungsspitze ab.
Alain Prost folgt beiden. Rosberg führt klar. Plötzlich überholt Ayrton Senna Prost in der vorletzten Runde. Jetzt wird es dramatisch: Rosberg hat keinen Sprit mehr im Tank und rollt ins Aus. Piquet und Senna rollen über die Ziellinie. Prost ist jetzt an dritter Stelle und sieht die Zielflaggen.
200 Meter vor der Ziellinie bleibt Prosts McLaren stehen. Auch ihm ist der Sprit ausgegangen. Prost steigt aus und – schiebt das Auto an. Die Zuschauer jubeln frenetisch. Weitere Autos rollen über die Ziellinie. Prost schiebt weiter. Alle fiebern nur noch mit Prost mit.
Nach einigen Metern sinnlosen Schiebens gibt Alain Prost erschöpft auf.][iv]

3 Die Herausforderungen des Alltags: IT, Unternehmen, Kommunikation & die Behäbigkeit

Ein Esel steht zwischen zwei gleich großen und gleich weit entfernten Heuhaufen. Er kann sich nicht entscheiden, welchen er zuerst fressen soll. Er verhungert.

[Buridan, Aristoteles o. a.]

3.1 Der Status quo

„Fire the Status Quo Police" fordert Adam Hartung in seinem 2010 bei Forbes erschienenen Artikel[4]. Der Status quo bezeichnet den gegenwärtigen Zustand, der laut Wikipedia in der Regel zwar problembehaftet ist, bei dem die bekannten Möglichkeiten zur Verbesserung des Zustands aber ebenfalls problematisch sind. Im Kalten Krieg wurde der Status quo mit Stillstand assoziiert, da niemand von seiner Position abrücken wollte. Die Soziologie hat die *Tendenz zum Status quo* ausgiebig erforscht und kommt zu dem Schluss, dass Menschen per se wollen, dass alles so bleibt wie es ist. Die Ursache ist eine Kombination aus Verlustaversion (100 € zu verlieren ist schlimmer, als 100 € zu gewinnen) und Endowment-Effekt (Das Champions League Spiel ist ausverkauft. Ich verkaufe Ihnen mein 150€ Ticket für 2.500€, weil ich emotional sehr stark mit diesem Spiel bzw. dem Ticket verbunden bin. Sie sind aber nur bereit 250€ zu bezahlen, da Sie meine emotionale Bindung an dieses Ticket nicht bezahlen möchten).

3.1.1 Kodak, Palm, Quelle: 3 Unternehmen, die es von ganz weit oben bis ganz weit unten geschafft haben

Als 20-jähriger Leser werden Sie sicherlich googlen müssen, um zu wissen, wer Kodak ist bzw. war. Hier die Geschichte in Kurzform: Die Eastman Kodak Company wurde um 1890 gegründet und war – bis Ende des letzten Jahrtausends Marktführer fast 20 Mrd. USD Umsatz. Im Januar 2012 wurde der Insolvenzantrag gestellt. Warum ist dies passiert? Wie kann es sein, dass ein Marktführer wie Kodak 100 Jahre lang immer erfolgreicher wurde und dann in nicht einmal 10 Jahren in das vergleichsweise Unbedeutende fällt?

"Glasklar!" werden Sie jetzt sagen: im Zeitalter von Smartphones, Facebook, Pinterest, Flickr & Co – wer benötigt da noch Fotos in 3D zum Anfassen, an die Wand innen und in Alben einkleben?

Richtig! Aber stellen Sie sich nun einmal die Frage, ob keinem der teilweise über 60.000 Kodak Mitarbeiter (vom Lagerarbeiter bis zum Vorstand) aufgefallen ist, dass sich die Welt verändert? Dass neue Innovationen alte Innovationen ersetzen?

Es hat zwar Jahrtausende gedauert, bis das Auto erfunden wurde und danach wiederum mehrere Dekaden, bis Kutschen in Gänze obsolete wurden.

---

[4] Hartung, Adam, *Fire the Status Quo Police*, 2010, **http://www.forbes.com/2010/09/08/status-quo-police-leadership-managing-human-capital-10-hartung.html**

John Kotter von der Harvard Business School kommt in seinem Artikel *Barriers to Change: The Real Reason Behind the Kodak Downfall* 2012 zu dem Schluss, dass der Niedergang Kodaks das Ergebnis der Selbstzufriedenheit ist. Obwohl es innerhalb des Unternehmens viele kluge Köpfe gab, die den Wandel der Zeit erkannt haben und neue Innovationen kreiert hatten, hat es die Organisation als Ganzes nicht geschafft, die nötigen Veränderungen in die Wege zu leiten. Die Innovationen und Strategien sind laut Kotter in der Organisation begraben worden. Kurzum: derjenige, der den Zusammenstoß mit dem Eisberg hat kommen sehen, hat es nicht vom Deck auf die Brücke geschafft, um den Kurswechsel einzuleiten. Denn auf jeder der Treppenstufen bis zur Brücke stand eine Person, die überzeugt werden musste. Wieder und wieder.

Innovation bedeutet eine geplante Veränderung bzw. eine Neuerung in einem System. Das System Organisation besteht jedoch zum größten Teil aus Menschen – und Menschen verhalten sich nun einmal wie Menschen. Und je größer die Organisation wird und je mehr man in der Vergangenheit als Organisation erreicht hat, desto öfter tritt dieses Phänomen auf. Wer war noch mal Palm? Wer oder was war Quelle?

Stellen Sie sich nun einmal vor, Sie wären Mitarbeiter bei Kodak um 1990 gewesen und hätten den Eisberg gesehen? Stellen Sie sich nun einmal vor, Ihr Unternehmen hätte um 1990 ein Produkt oder eine Lösung angeboten, um Kodak langfristig zum Erfolg zu verhelfen?

3.1.2 Die Status quo Polizei: die, die den Stillstand bewahren

In Unternehmen ist der Status quo allgegenwärtig. Hartung fragt den Leser, wie oft dieser bereits folgende Aussagen im beruflichen Alltag gehört hat:

> „In diesem Unternehmen machen wir das nicht so"
> „Das ist nicht Ihr Problem"
> „Das Management wird dem sicher nicht zustimmen"
> „Ihr Vorschlag erscheint mir nicht praktikabel"

Nach Hartung stellen die in Unternehmen gewachsenen Hierarchien sicher, dass die knappen Budgets nicht für neue, verrückte Ideen ausgegeben werden. Organisationen fokussieren sich auf die Dinge, die ihnen geholfen haben groß zu werden. Die Erhaltung des Status quo ist das Ziel. Hierzu gibt es eine von Hartung als *Status quo Polizei* benannte Einheit, die bekannte Metriken institutionalisiert. Diese Metriken bedeuten, dass Innovationen und Neuerung mit denselben Margen und Größen gemessen werden, wie das etablierte Brot & Butter Geschäft. Hartung nennt Motorola als Beispiel für diese Augenhöhe: Hier hat das Smartphone Geschäft quasi verpasst, da neue, innovative Smartphones nicht der Zielmetrik *Marktanteil* gerecht wurden. Obwohl die Marge im Smartphone Bereich wesentlich höher war, hieß die Zielgröße Marktanteil. Im Fall von Digital Equipment war es anders herum: man fokussierte sich primär auf Marge und wurde von AutoCAD überrannt, die sich auf geringere Margen und mehr Marktanteil fokussierten.

Diejenigen, die den herannahenden Eisberg nicht erkennen wollen und auf dem Status quo beharren, werden von Hartung als *Status quo Polizei* bezeichnet. Es beginnt damit, dass ein Unternehmen neue Mitarbeiter einstellt, die optimal mit der Kultur des Unternehmens harmonieren und die Ziele des Unternehmens mit messbaren Erfolgen erreichen wollen. Das Marketing trägt dazu bei, dass die Marke erhalten bleibt bestehende Vertriebskanäle nicht um neue, digitale erweitert werden. Und es endet damit, dass die Finanzer im Unternehmen alle neuen Vorhaben detailliert auf bekannte, etablierte Messgrößen untersuchen und bei Abweichung von der historischen Norm ablehnen.

Drei Unternehmen, die genau dies nicht gemacht haben und immer wieder Neues ausprobiert haben sind Virgin, Nike und Amazon.

3.1.3 Die Unfähigkeit eines Menschen seine Situation zu verändern

Was tun Sie, wenn Sie im Büro sitzen und der Feueralarm ertönt? Lassen Sie alles stehen und liegen und begeben Sie sich zügig zum Notausgang? Oder warten Sie erst einmal ab und beobachten, ob andere Kollegen das Büro verlassen?

In seinem Buch *The Examined Life* schildert Stephen Grosz ernüchternde Fälle von der persönlichen Unfähigkeit seiner Patienten ihre Situation zu verändern: es ist wissenschaftlich nachgewiesen, dass das bloße Ertönen des Feueralarms Menschen nicht dazu bewegt ihr Hab und Gut liegen zu lassen und auf der Stelle das Gebäude über die vorgesehenen Fluchtwege zu verlassen. Alleine durch den Feueralarm droht noch keine direkt erkennbare Gefahr. Man sieht und spürt das Feuer nicht, man riecht keinen Rauch. Also schauen sich die Menschen beim Ertönen des Feueralarms an und – reden erst einmal miteinander, um mehr Informationen zu erhalten. Die Erhaltung des Status quo ist das Ziel. Alles ist ja so wie vorher. Der Unterschied ist, dass die Alarmglocke läutet.

Um sich zu bewegen, also den Raum zu verlassen, bedarf es bei der Mehrheit der Menschen einer vertrauten Person, die einem nahelegt, das Gebäude schnellstmöglich zu verlassen. Oder es bedarf einer konkret erkennbaren Gefahr – dem Rauch, den man riecht oder das Feuer, dessen Hitze man spüren kann.

Wenn es nun dazu kommt, dass man sein inneres Ich überwindet und sich aus der Gefahr begibt, schlägt man statistisch gesehen den bekannten Weg ein. Statt der Feuertreppe wählt man instinktiv den bekannten Weg (z. B. den Fahrstuhl). Die Feuertreppe kennt man nicht und wählt sie daher nicht.

Der Status quo

Grosz berichtet von einer Patientin, die am 11. September in ihrem Büro saß und spürte, wie das erste Flugzeug in das Gebäude einschlug. Kurz darauf ertönte der Feueralarm und kaum jemand – außer ihr – verließ das Büro. Viele blieben sitzen, schauten sich um und warteten, was die anderen taten. Ähnlich sind auch Fälle von anderen, die z. B. an Hodenkrebs Erkrankten und nach ihrer Diagnose erst einmal in Urlaub fuhren, bevor sie sich in Behandlung begaben. Oder von Menschen, die unzufrieden mit ihrem Partner sind und bei ihm bleiben – weil sie keine Alternative sehen.

Grosz' psychoanalytisches Fazit ist, dass die Menschen durchaus nach Veränderung und Optimierung streben. Doch die Masse der Menschen ist zu bequem. Die Masse der Menschen verändert ihre Situation erst, wenn das Feuer visuell und spürbar ist.

Nur **17%** aller Menschen sind Veränderer.

Ganze **83%** aller Menschen sind Bewahrer.

3.1.4 Der Status quo im Alltag

Der Mitarbeiter, der Ihnen gegenübersitzt und sich anhört, WARUM Sie WAS und WIE verändern wollen, ist – ein Mensch. Und als Mensch hat er auch ein Privatleben. Glauben Sie, dass er im Unternehmen dynamischer und veränderungsbereiter ist als im Privatleben? Glauben Sie, dass der Mitarbeiter, der Ihnen gerade gegenübersitzt, privat den Status quo eher verändert als im beruflichen Alltag? Dann schauen wir uns nun das Privatleben an:

- Angenommen Sie sind allgemein zufrieden. Alles läuft nach Ihrem Plan. Sicher – es könnte besser sein. Sie müssten dies oder das tun, damit die Verbesserung eintritt. Sie wissen auch, dass die aktuelle Situation sich irgendwann bestimmt einmal auf Grund äußerer Einflüsse zum Negativen ändern wird. Das ist aber noch weit, weit weg. Dann kommt immer wieder jemand vorbei, der Ihnen sagt, dass Sie etwas verändern sollten. Werden Sie es verändern? Höchstwahrscheinlich nicht.

- Angenommen Sie sind Raucher. Sie wissen, dass Rauchen ungesund ist. – OK, Helmut Schmidt pafft auch noch mit 95 Jahren munter weiter. 54% aller Raucher wollen rein statistisch mit dem Rauchen ab einem gewissen Zeitpunkt (z. B. Silvester) aufhören. Rein statistisch schafft es von 100 Rauchern aber nur ein einziger nach einem Jahr rauchfrei zu sein. Die restlichen 99 Raucher hoffen auf das nächste Silvester.

- Jeder weiß, dass die gesetzliche Rente später höchstwahrscheinlich nicht ausreicht. Sie wissen es, der Gesetzgeber weiß es. Private Altersvorsorge wie beispielsweise die Riesterrente ist komplex. Oft hat man gelesen, dass primär der Versicherer gewinnt. Oft hört man, dass es eigentlich richtig ist. Doch von 100 Personen hatten 2011 nur 33 eine private Zusatzrente abgeschlossen. Hauptursache laut Deutschem Institut für Altersvorsorge ist die Trägheit.

Veränderungen einzuleiten hat etwas mit Kommunikation zu tun. Die Nachricht, die Sie übertragen müssen, um Veränderungen einzuleiten, muss an das Individuum, das etwas verändern soll, angepasst sein:

- Wenn die Bundesregierung über das Fernsehen mit den Bundesbürgern kommuniziert und ihnen allgemein sagt, dass sie für ihr Alter finanziell vorsorgen sollten, dann führt dies nicht dazu, dass die Masse der Zuschauer von der bequemen Couch aufspringt und vorsorgt. Wenn Ihnen ein Vertrauter jedoch mehrmals hintereinander Auge in Auge vorrechnet, dass Sie in 20 Jahren nur Geld für 15 Tage im Monat haben und dies wieder und wieder wiederholt – werden Sie dann vorsorgen?

- Angenommen Sie gehen einen Bürgersteig entlang und surfen beiläufig im Web. Sie merken, dass Sie aus Versehen auf die Straße gegangen sind. Hinter Ihnen ruft jemand laut „VORSICHT!!!". Sie blicken von Ihrem Telefon auf und sehen von links einen großen LKW heranrasen. Was machen Sie? Werden Sie in diesem Moment wieder auf ihr Telefon schauen und denken, dass dieser LKW noch mindestens 50m weit entfernt ist und der Fahrer sicherlich erfahren und wachsam ist und Ihnen ausweichen wird? Oder verändern Sie Ihre Situation?

3.2   Das menschliche Gehirn

Der Mensch tut sich im Allgemeinen schwer damit, Gefühle in Worte zu fassen: „WARUM lieben Sie Ihre Ehefrau bzw. Ihren Ehemann?" – „Weil ... [Pause] ...". Diese Person ist nicht etwa auf frischer Tat ertappt worden. Nein – sie kann die Gefühle nur schlecht artikulieren. Das uns allen bekannte Bauchgefühl, das nicht etwa im Zentrum unseres Körpers entsteht sondern im Kopf, signalisiert uns instinktiv die Zu- und Abneigung gegenüber einer Sache. Zurück zu unserer vermeintlich ertappten Person: „[Pause] Nun, ich weiß es halt!"

Und genau so ist es auch im IT Alltag: Bei jeder neuen Herausforderung, der wir uns stellen, bekommen wir so ein gewisses Bauchgefühl. Und je seltener unser Gehirn die Aufgabe bekommt, Emotionen zu beschreiben, desto mehr Rationalität (also das WAS? und WIE?) drücken wir in unserem Alltag aus. Und je mehr Rationalität das alltägliche Ruder bei der Entscheidungsfindung übernimmt, desto länger dauern die Entscheidungsprozesse, desto detaillierter müssen Informationen zum Vergleich ähnlicher Produkte oder Dienstleistungen herangezogen werden.

Simon Sinek hat sehr anschaulich dargestellt, warum wir und unser Auditorium so handeln wie wir handeln: Es liegt am menschlichen Gehirn - und in dem Punkt sind wir alle gleich. Den äußeren Rand des Gehirns bildet der Neocortex mit dem multisensorischen und motorischen Teil der Großhirnrinde. Circa 90% der Großhirnoberfläche sind dem Neocortex zuzuordnen, der die Sinneseindrücke und die für die Bewegungen zuständigen Areale umfasst. Plakativ ausgedrückt, kümmert sich dieser Teil des Gehirns um das WAS?

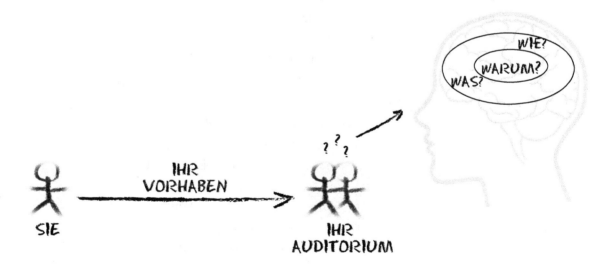

3.2.1 Das Alte & das Neue Gehirn

Im Laufe der Jahrtausende hat der Mensch dazugelernt. Er hat gelernt Neues zu erschaffen und Probleme zu lösen. In der Darstellung ist daher das WAS und WIE außerhalb des WARUM Kreises dargestellt. Die Informationen, die Ihr Auditorium aufnimmt, landen – wenn sie nicht richtig formatiert sind – primär im analytischen Teil unseres Gehirns: dem Neocortex und dem Limbischen System. Dort passiert Folgendes: *Ein Problem?! Ist es komplex? Wie kann man es lösen? Wie ist es strukturiert? Ist es gelöst? Belohnung!*

Wäre das Gehirn ein Computer, dann würde in diesem Areal der Lüfter angeworfen, da RAM, CPU und Festplatte benötigt werden. Diese Areale werden das *Neue Gehirn* bzw. das *Mittlere Gehirn* genannt. Es diente früher dazu zu erkennen, dass Feuer besser wärmt als Felle alleine, und es dient heute dazu, herauszufinden, warum Spotify über die Sonos Boxen nicht streamt, wenn Sie gerade Musik hören möchten. Dieser Teil des Gehirns belohnt Sie auch emotional, wenn Sie das Feuer vor der Höhle tatsächlich angezündet haben oder herausgefunden haben, dass ein Neustart der Fritz Box im Keller das Spotify Problem gelöst hat. Diese Teile Ihres Gehirns benötigen jedoch Zeit zum Rechnen.
Wenn Sie ins Fell gehüllt am Feuer vor der Höhle sitzen und plötzlich ein Bär vor Ihnen auftaucht, dann benötigen Sie das sog. *Alte Gehirn*, dass weniger komplex ist, weniger Rechenzeit benötigt und Ihnen blitzschnell signalisiert: weg hier! Genau dasselbe Gehirn wird heute aktiviert, wenn Sie auf die Straße stürzen und 50m vor Ihnen rollt ein LKW mit 60 km/h auf Sie zu.
Im Laufe der Evolution haben sich 3 Bereiche im Gehirn unterschiedlich entwickelt:[5]

- Der Neocortex ist quasi unser analytischer Großrechner. Er nimmt den größten Teil des Gehirns ein und wird das *Neue Gehirn* genannt. Hier entsteht Sprache. Hier wird gedacht, überlegt, kreiert. Der **Intellekt** entsteht. Es basiert auf Logik und dem Abwägen von Vor- und Nachteilen. Schachspielen kann man dank dieses *Neuen Gehirns*.

- Das Limbische System wird das *Mittlere Gehirn* genannt. Es verarbeitet Emotionen. Angst, Freude und Enttäuschung haben hier ihren Sitz. **Intuition** entsteht. Im Mittleren Gehirn werden auch Informationen mit Emotionen verknüpft. Wenn Sie bspw. etwas Großartiges geschafft haben, zum Beispiel vor dem heran rollenden LKW wieder rechtzeitig auf den Bürgersteig zurückzukommen, dann wird die Leistung mit der Angst und dem Erfolg langfristig abgespeichert.

- Das *Alte Gehirn* setzt sich aus den übrigen Teilen wie dem Hirnstamm und dem Thalamus zusammen. Es regelt die primitiveren Dinge wie bspw. die Atmung und die Balance. Sie müssen nicht nachdenken oder sich anstrengen. Die Dinge passieren automatisch. **Instinkt**

---

[5] vgl. Häusel, Hans-Georg, *Neuromarketing*, 2008, S. 220ff

entsteht. Das *Alte Gehirn* filtert Informationen, die aus den anderen beiden Gehirnteilen kommen. Primär ist dieser Teil des Gehirns für das Überleben zuständig: ein Bär! ein LKW! Feuer!

Wichtig für Sie zu wissen ist, dass immer noch das *Alte Gehirn* Ihres Auditoriums dafür zuständig ist, ob Ihr Auditorium Ihr Vorhaben interessant findet und umsetzt – oder auch nicht. Da das *Alte Gehirn* leider sehr primitiv im Vergleich zum hochentwickelten *Neuen Gehirn* ist, kann es nicht viele Informationen verarbeiten. Sie müssen mit Ihren Informationen schnell und präzise hierhin vordringen, da der kleine Rechner sonst die Informationen an den Großrechner Neocortex weiterreicht.

Vorsicht, LKW! Weg da! ist eine solch präzise, schnell zu verarbeitende Information, die das *Alte Gehirn* anspricht und von diesem verarbeitet werden kann. Wenn Sie allerdings dieselbe Information großzügig verpacken, erreichen Sie andere Areale, und erzielen weniger Handlungsbereitschaft:

> *„Sehr geehrter Herr ... Im Straßenverkehr kann es häufig zu Unfällen kommen. Ein 12 Tonner bspw. hat einen extrem langen Bremsweg. Die Berechnung des Bremswegs erfolgt... Der LKW, der gerade auf Sie zurollt, wird erst nach 60 Metern zum Stehen kommen. Sie sind jedoch 50m entfernt. Daher sollten Sie schnellstmöglich die Straße verlassen..."*

In Anlehnung an Maja Storch können die beiden Gehirnareale wie folgt gegenübergestellt werden:[6]

	NEUES GEHIRN	ALTES GEHIRN
ARBEITSTEMPO	LANGSAM	SCHNELL
KOMMUNIKATIONS-MITTEL	SPRACHE / ARGUMENTE	SOMATISCHE MARKER / EMOTIONEN
BEWERTUNGS-KATEGORIE	RICHTIG / FALSCH	MAG ICH / MAG ICH NICHT

3.2.2 Wie erreichen Sie das Alte Gehirn?

Das *Alte Gehirn* ist primitiv und liefert den Instinkt. Visuelle und auditive Informationen werden stark gefiltert nach Gefahr (Bär!), Nahrung, Sex (genetisches Überleben), Veränderung (Umwelt), Kontrasten (schwarz/weiß), Bekanntem (gut? schlecht?), Emotionen (mag ich? mag ich nicht?).
Das *Alte Gehirn* ist geschlechtsneutral und international gleich. Die Unterscheidung der Geschlechter, Kulturen und des Intellekts findet in den anderen Hirnregionen statt. Wenn Sie also das *Alte Gehirn* erreichen wollen, dann gelten die folgenden Empfehlungen für alle Menschen.[7]

An das Neuromarketing angelehnt empfehlen Peterson und Riesterer folgende 7 Punkte zu beachten, um das *Alte Gehirn* anzusprechen:[8]

[6] vgl. Storch, Maja, *Machen Sie doch, was Sie wollen!*, 2010, S. 11

[7] vgl. Storch, Maja, *Machen Sie doch, was Sie wollen!*, 2010, S. 9

[8] in Anlehnung an Peterson, Erik / Riesterer, Tim, *Conversations That Win The Complex Sale*, 2011, S. 93ff

1. **Seien Sie visuell**: Das Gehirn kann visuelle Informationen wesentlich schneller verarbeiten und speichern als andere Formen von Informationen. Das sog. *Big Picture* hilft der Orientierung.

2. **Erzeugen Sie Kontraste**: Wenn Sie Ihr Auditorium zu einer Veränderung bewegen wollen, die durch Ihr Vorhaben eintritt, dann müssen Sie kurz und präzise deutlich machen, welche „Gefahren" lauern, wenn die Veränderung nicht eintritt („Vorsicht, LKW!").

3. **Seien Sie präzise am Anfang und am Ende**: Das Alte Gehirn reagiert primär auf Anfang und Ende. Bei einem Film, einem Vortrag, einem Buch. Wenn am Anfang keine Gefahr lauert, legt es sich zurück in die Hängematte und übergibt an den Neocortex. Es wacht jedoch kontinuierlich darüber, ob Gefahr lauert, eine Veränderung eintritt, Essen serviert wird etc. Am Ende des Vortrags, Films oder Buches wird es reaktiviert, da die Veränderung des Endes eingetreten ist. Daher sollten Sie zu Beginn und zum Ende des Vortrags immer Ihre Chance nutzen und sie nicht z. B. mit dem üblichen „Noch Fragen?" vergeuden. In der Mitte des Vortrags müssen Sie an die alten Instinkte ansprechen, um kontinuierlich die Aufmerksamkeit des Auditoriums zu gewinnen.

4. **Nutzen Sie Emotionen**: Emotionen werden vom *Mittleren Gehirn* an das *Alte Gehirn* weitergeleitet. Und hier im *Alten Gehirn* wird entschieden, ob man diese Emotionen mag oder nicht. Je stärker das Feedback des *Alten* an das *Mittlere Gehirn* bzgl. einer Situation ist, desto eher wird das Erlebte langfristig abgespeichert. Ohne Emotionen zu erzeugen, ist es sehr wahrscheinlich, dass sich die Mitglieder des Auditoriums nicht mehr an Ihren Auftritt bzw. das von Ihnen Vorgetragene erinnert.

5. **Halten Sie es einfach**: Zu viele Informationen überlasten das Auditorium. Der Neocortex glüht. Mögliche Resultate unter den einzelnen Mitgliedern des Auditoriums sind: Jemand schaltet ab. Jemand ist irritiert oder gelangweilt. Jemand arbeitet an einer „Na und? Warum erzählen Sie mir das?" Offensive. Oder jemand ist von Ihren Informationen so überfrachtet, dass er keine Entscheidung treffen kann. Daher lassen Sie so viele Details wie möglich einfach weg. Geben Sie den Überblick und wecken Sie das Interesse. Wenn das Interesse geweckt ist, kann man sich im Anschluss in die Details einarbeiten.

6. **Seien Sie konkret**: Gerade in der IT sind viele Themen den Mitgliedern des Auditoriums entweder gar nicht bekannt, oder sie haben ganz rudimentär etwas von den Themen gehört. Hinter einfachen 3 oder 4 Buchstaben verbergen sich ganze komplexe Konzepte, die mit abstrakten Begriffen (wie bspw. Produktivität oder Effizienz) verknüpft sind. Das *Alte Gehirn* kann jedoch nichts mit Abstraktion anfangen. Das ist eher die Aufgabe des *Neuen Gehirns*. Das alte Gehirn kann nur mit konkreten Dingen etwas anfangen: Auto? Ah!

Computer? Ah! Schneller? Ah! Gut? Ah! Daher nutzen Sie neben einer einfachen Sprache auch einfache Bilder und Zeichnungen, um Ihr Vorhaben Ihrem Auditorium zu erläutern.

7. **Werden Sie persönlich**: Das *Alte Gehirn* ist auf das eigene primitive Überleben ausgelegt, nicht das der „Anderen". Konkret waren die Filter Nahrung, Gefahr und Sex. In der IT bleibt nur die Gefahr z. B. durch Machtverlust, Stellenabbau oder Belanglosigkeit. Wenn sich ein Mitglied des Auditoriums nicht persönlich von Ihrer Botschaft angesprochen fühlt und erkennt, dass ihm z. B. Gefahr droht, wenn es Ihr Vorhaben nicht umsetzt, dann haben Sie schlechte Karten.

3.2.3 Das WARUM, WAS & WIE in Worte fassen

Die Beschreibung dessen, WIE man etwas macht, ist sachlich aber verhältnismäßig einfach: Ein Word Dokument bearbeiten, sich auf die Couch liegen, Abteilung A auflösen und die Mitarbeiter von Abteilung B mit denen von Abteilung C zusammenlegen, spezielle Vertriebstrainings für die Wachstumsthemen planen und aufsetzen, das Tool XYZ im Betrieb einführen usw.

Die Beschreibung dessen, WAS man macht, ist ebenfalls vergleichsweise einfach: Ein Buch schreiben, die Augen schließen und sich ausruhen, eine Organisation umstrukturieren, Mitarbeiter schulen, die End-to-End Monitoring Initiative starten usw.

Die Beschreibung kann abstrakt erfolgen. Das *Was* und *Wie* spricht primär das *Neue Gehirn* an. Jedoch sollten Sie auch hier darauf achten, dass Sie eine möglichst einfache Sprache sprechen. Eine Sprache, die mit möglichst wenig Fachbegriffen auskommt und keine großen Gedankensprünge erfordert: *Was* müssen Sie ändern? Obst einkaufen. *Wie* machen Sie das? Das Auto nehmen und auf den Markt fahren.

Die Beschreibung dessen, WARUM man macht was man macht, ist der entscheidende Faktor, der andere Menschen dazu bringt, Ihnen zu folgen und Sie zu unterstützen – oder auch nicht: man möchte die gesammelten Erfahrungen für die Nachwelt festhalten, nach tagelangem kränkeln endlich gesund werden, das Umsatzwachstum erhöhen und ein anerkannter Innovator werden, die Kundenzufriedenheit erhöhen, die Summe der monatlichen Pönale reduzieren usw.

Forschungen im Bereich Neuromarketing haben ergeben, dass die Beachtung der o. g. 7 Punkte eine hohe Wahrscheinlichkeit garantieren, dass Ihre Botschaft Ihr Auditorium erreicht. Vermitteln Sie Ihrem Auditorium, WARUM die von Ihnen vorgeschlagene Veränderung wichtig ist und vor allem, WARUM Ihnen die Veränderungen wichtig ist – aber mit einer einfachen und für alle verständlichen Sprache.

Wie drückte es Sinek noch einmal aus? Menschen kaufen nicht WAS Sie machen sondern WARUM Sie es machen. Dies gilt sowohl für den Vertrieb als auch für das Beratungsprojekt. Wenn Sie etwas umsetzen möchten (z. B. ein End-2-End Monitoring Tool einführen) oder etwas verkaufen möchten (z. B. ein End-2-End Monitoring Tool), dann müssen Sie Ihr Auditorium von dieser, Ihrer Sache überzeugen: weil Sie damit die Kundenzufriedenheit erhöhen und die Summe der monatlichen Pönale reduzieren.

Wenn Sie es vermeiden, das WARUM zu kommunizieren, muss sich Ihr Auditorium selbst ein Bild machen und fragen, welchen Nutzen Ihre Sache wohl für das Auditorium hätte. Hierbei steigt jedoch die Gefahr für Ihr Vorhaben: das Auditorium kann grundsätzlich daran zweifeln, dass das vorgestellte Vorhaben überhaupt sinnvoll ist.

Warum kauft jemand ein MacBook und keinen günstigeren und teilweise funktionsreicheren PC von HP? Warum fährt jemand Porsche und kein günstigeres, fast-so-schnelles aber funktionsreicheres japanisches Modell? Warum ist jemand für oder gegen Ihr Projekt? Diese Entscheidungen werden im *Alten Gehirn* getroffen. Die rationalen Werte werden im *Neuen Gehirn* verarbeitet. Da das *Alte Gehirn* jedoch viel schneller arbeitet hat es dem *Neuen Gehirn* bereits das „Mag ich nicht" gesendet. Das menschliche Gehirn ist schuld daran, dass bei der Entscheidungsfindung der sprichwörtliche *erste Eindruck* zählt, auch wenn rational gesehen alternative Angebote besser geeignet sind.[v] Dies soll nicht darüber hinwegtäuschen, dass die rationalen Faktoren zu einem späteren Zeitpunkt auch entscheidend sind. Schließlich sind der Preis, die Qualität und die Ausgestaltung des Services oder des Produktes am Ende eines Entscheidungsprozesses zu bewerten. Insbesondere, wenn zwei alternative Angebote zu bewerten sind. Die finale Entscheidung wird jedoch häufig auf emotionaler Ebene getroffen – insbesondere im IT Geschäft. Vielleicht haben Sie ja schon einmal selbst erlebt, dass ein Entscheider einen bestimmten Hersteller oder Dienstleister nicht im Rennen um ein vergleichbares Angebot partizipieren lassen möchte und die rationalen Entscheidungskriterien so wählt, dass Sie niemals zum Zuge kommen werden? Oder, dass jemand von vornherein negativ Ihnen gegenüber eingestellt ist? Oder, das der Haus- und Hoflieferant trotz (rational gesehen) schlechterem Angebot, letztendlich doch den Zuschlag bekommen hat? Dies ist rational – also mittels WAS und WIE nicht zu erklären.

3.3   Nutzenorientierung

Die Nutzen-Orientierung (im Englischen *Benefits Management* genannt) ist eine eher selten angewendete Disziplin des IT-Alltags. Der Grund für diese Seltenheit ist meines Erachtens nicht ein Akzeptanzproblem sondern schlichtweg die Unbekanntheit dieser Methodik. Jedem, dem ich diese Methodik vorgeführt habe, die beispielsweise im größten Softwareunternehmen der Welt in der Beratung und im Vertrieb weltweit erfolgreich eingesetzt wird, ist überrascht von der Einfachheit und Effektivität. Die Methodik hat nichts mit komplizierten Regeln, Formeln oder Konstrukten zu tun. Auch bedarf es nicht viel Text. Es basiert einfach auf der kinderleichten Strukturierung von Maßnahmen, Technologien und Beweggründen in einer bestimmten Reihenfolge. Die Reihenfolge ist so aufgebaut, dass diejenigen, die die Entscheidungen zu IT Vorhaben treffen können und müssen, Ihr Vorhaben leichter verstehen.

Das Problem der IT ist, dass die IT im Vordergrund steht. Sie nimmt sich selbst zu wichtig. IT ist heute nicht mehr der verrückte Nerd mit den langen Haaren und dem Iron Maiden Shirt, der in der Ecke sitzt und irgendwie alles möglich macht, was man gerade zur Automatisierung seines Alltags benötigt. IT ist eine eigene Organisationsform in Unternehmen – mit Hierarchien, Budgets, Projekten und Verantwortungen. Oftmals auch größtenteils ausgelagert an externe Provider. Persönliche Existenzen sind mit den vorhandenen Strukturen und Produkten verknüpft, die die IT ausmachen. Neues gefährdet diese Strukturen und Existenzen, bietet aber auch anderen die Möglichkeit ihre Macht und Stellung auszubauen. Willkommen beim Häuserkampf im Unternehmen – oder in der Politik.

Im Unternehmen selbst läuft nie alles wirklich rund. Viele versuchen bei Tetris das Quadrat passend zu drehen. Soft- und Hardwarehersteller zeigen regelmäßig ihre konkurrierenden neuen Produkte, die nur noch von den ehemaligen Nerds auf Feature Ebene gelobt werden. Weil dies für diejenigen, die in der Hierarchie weiter oben angesiedelt sind, auf Grund der verlorengegangenen Hand an der Konsole alles zu kompliziert ist, gibt es Schlagworte: „Ach so, Cloud? Ah!" oder „OK. Social Media! Ach so!". Und Gartner rankt die Hersteller entsprechend der Vision. „Wo sind Sie denn im Gartner Quadranten?".

Die internen, die noch nicht resigniert haben und sich etwas trauen, möchten nicht die Welt aber kleine Dinge verändern und verbessen. Scheitern jedoch meist an der Organisation oder an der Art, wie sie die Nachricht verpacken. Ganz oben in der Hierarchie trifft man Entscheidungen bzgl. Vorhaben und Veränderungen, die die unteren Ebenen vorbereiten, evaluieren, nach oben tragen oder auch gerne plätten[9].

---

[9] Hier ist mir eine Situation besonders in Erinnerung geblieben: Als wir in einem Workshop mit der IT des Kunden durch eine eher beiläufig gemachte Anmerkung eines Teilnehmers herausgefunden haben, dass die Fachabteilung desselben Kunden durch eine bestimmte Veränderung einen großen Vorteil erringen könnte, wurde in der nachfolgenden Pause während eines 4 Augengesprächs des mittleren IT Leiters deutlich gemacht, dass dies nicht diesen Raum verlassen dürfe, da sonst schlafende Hunde geweckt würden.

Im Vertrieb werden häufig die Feature Liste des Produkts, der Gartner Quadrant in dem man sich befindet sowie die neuen bunten Fenster gezeigt. Der Kunde muss dann meist selbst die Transformationsleistung erbringen, wie diese tollen Features in das Unternehmen passen bzw. welche Probleme man damit lösen könnte. Er weiß von Ihnen zwar, was er einsetzen soll, jedoch nicht wie und – vor allem – warum?

Ihren Forbes Artikel *Your Competitor Isn't Your Real Competition: Status Quo Is* beginnt Amy Morin mit der These, dass im Fall eines Nichtkaufs Ihres Kunden, Sie annehmen, dass der Kunde sich für die Lösung Ihres Konkurrenten entschieden hat. Dies sei jedoch nicht richtig. Rund 60% aller Vertriebsangänge enden mit dem Nichtkauf, da der Kunde nicht den Nutzen erkannt hat, den Ihre Lösung bzw. Ihr Produkt für diesen Kunden bedeutet. Der Nichtkauf ist die der Verbleib beim status quo.[10]

3.4 Motivation alleine reicht für den Erfolg nicht aus. Es bedarf einer Kombination aus Motivation und Methodik

Vor einigen Jahren spendierte mein damaliger Arbeitgeber seiner Vertriebsmannschaft eine eintägige Power Veranstaltung mit Thomas Baschab – seines Zeichens Mentalcoach.

Nachdem unser Unternehmen im Jahr zuvor wieder einmal den 3. Rekordgewinn in Folge verzeichnet hatte befanden wir uns nun in einer Umsatzdelle. Zu den üblichen 20% Aufschlag auf die Ziele des Vorjahres gab es für die meisten noch einmal 5-15% zusätzlich. Nachdem das erste Quartal eine rote Scorecard zur Folge hatte[vi] und die Nerven immer angespannter waren, entschied sich das Management für Zielerreichung durch mentale Unterstützung. Der Mentalcoach schickte uns nicht über glühende Kohlen, sondern ließ Eisenstangen mit der Kehle verbiegen. Zwischendurch ermahnte er uns die Dinge genau zu beobachten, die sonst übersehen werden – beispielsweise dass Ihre Schweizer Uhr statt der römischen IV eine IIII im Ziffernblatt trägt. Es ging darum, die Denkgrenzen in unseren Köpfen abzubauen, die uns daran hindern mehr zu leisten. In Analogie zu den 100m Läufern des letzten Jahrhunderts, die es nie geschafft hatten, die magische 10 Sekunden Marke zu unterbieten – bis einer kam, der es schaffte.[vii]

---

[10] vgl. **http://www.forbes.com/sites/amymorin/2014/03/24/your-competitor-isnt-your-real-competition-status-quo-is/**

Die Vertriebsmitarbeiter verließen am Ende das Seminar hochmotiviert. Man war überzeugt, die magische 35% Hürde zu schaffen. Die ganze Motivation hielt ca. 4 Stunden. Dann – zurück im Alltag – realisierte man, dass die Schlacht nicht einfach durch mehr. Motivation gewonnen werden kann. Es bedurfte auch einer geeigneten Strategie.[viii]

Nun schauen Sie in dieser Situation auf den Kunden: Nur weil Sie Druck im Nacken haben und davon überzeugt sind, Bäume ausreißen zu können, wird der Kunde nicht frohlocken und Ihr Produkt bzw. Ihre Dienstleistung kaufen. Nur, weil Sie ein Optimierungspotential erkennen, wird die Entscheidung zur Umsetzung Ihres Vorhabens nicht getroffen. Ihre primäre Strategie muss es sein, den Kunden bzw. die Organisation kennen zu lernen, seine bzw. ihre Abläufe und Herausforderungen zu verstehen sowie seine die Entscheider zu identifizieren. Dann schauen Sie, wie Sie und Ihr Produkt bzw. Ihr Vorhaben dabei helfen können, die Ziele der Betroffenen Entscheider zu erreichen.

Im Bereich des *Power Messaging* wird von *Corporate Visions* sogar propagiert, die Gefahr, die ohne die Umsetzung Ihres Vorhabens droht, massiv in den Vordergrund zu stellen (also nicht „hier gibt es ein Potential zur Verbesserung um langfristig die Störungen zu beseitigen und die Pönale zu senken" sondern eher „wie wäre es keine Pönale mehr zu zahlen? Wenn Sie das nachfolgende Vorhaben nicht umsetzen, werden die Störungen zunehmen und müssen Sie weiterhin massiv Pönale zahlen"). Hierbei wird das *Alte Gehirn* des Auditoriums angesprochen.

Sie müssen den Kunden motivieren, den Weg mit Ihnen gemeinsam zu gehen. Wenn Sie überzeugt sind, dass ein wirklicher Nutzen entsteht, dann machen Sie weiter. Man muss jedoch auch erkennen können, dass ein Produkt oder ein Projekt nicht passt.

Genauso ist es auch in der Beratung. Sie müssen überzeugen und Ihre Mission verkaufen. Und jeder, der Berührungspunkte mit dieser Mission hat, muss überzeugt werden. Insbesondere wenn Ihr Projekt bereits seit einiger Zeit im Gang ist und neue Menschen hinzukommen, müssen Sie die Neuen und ggf. auch diejenigen, die schon länger dabei sind, abholen: Warum verändern wir etwas, wie verändern wir und was verändern wir? Auch hier sollten Sie hervorheben, was passiert, wenn Sie nichts verändern bzw. welche Gefahr droht, wenn das Vorhaben nicht umgesetzt wird.

3.5   Der träge Mensch mag keine Veränderungen

Angenommen Sie gehen neuformatiert aus der Veranstaltung eines Mentalcoachs und sind nun hoch motiviert. Sie machen den Termin – intern oder beim Kunden. Sie stellen Ihr Vorhaben oder Ihr Produkt vor und Sie sind extrem begeistert. Weil Sie begeistert sind, ist der interne/externe Kunde (der übrigens keinen Mentalcoach vormittags zu Besuch hatte) auch ein wenig begeistert. Alle sind glücklich. Alle schütteln sich die Hände und Sie fahren heim.

Einen Tag später allerdings fragt sich der Kunde/Kollege dann spätestens, wie er Ihr tolles Produkt oder Ihr Vorhaben denn nun umsetzt. Dann überlegt er weiter und stellt fest, dass das gar nicht so einfach ist. Es gibt einiges zu tun. Und Bestimmtes hat meistens noch nie funktioniert. Und, und, und. Die Begeisterung ist rasch verflogen.[ix]

Ihr Problem: **nur ca. 17% aller Menschen sind Veränderer** – also Menschen, die Gewohntes zum Besseren verändern wollen. **83% aller Menschen sind Bewahrer**.

In größeren Unternehmen, die nicht kurz vor der Insolvenz, größeren Entlassungswellen oder der Übernahme durch andere Unternehmen stehen, gibt es für die Mitarbeiter wenig Grund sich zu verändern. Sie befinden sich in einer einigermaßen etablierten Situation. Man wird träge.

Nicht jeder ist ein Reinhold Messner, der, nachdem er einen hohen Berg erklommen hat, auf einen noch höheren Berg will und wieder die nächste Herausforderung sucht. Die Mehrheit der Menschen beachtet diese Leistung durchaus, denkt sich aber: „Warum denn noch höher? Er war doch schon hoch oben!?". Der Bewahrer verbindet Veränderungen mit Bedrohung: Unsicheres Terrain, Gewohntes und Bekanntes wird durch Neues ersetzt, Kontrolle über das Jetzt ist nur noch für kurze Zeit möglich. Die Quasi-Verbeamtung, die „läuft doch!" Einstellung hat in 87% aller Entscheidungsfälle Vorrang. Was vielen jedoch nicht bewusst ist, ist die Tatsache, dass 37° Körperwärme und konstantes all-you-can-eat durch die Nabelschnur spätestens nach 9 Monaten zu Ende sind.

Dem gegenüber steht der Veränderer, der unruhig wird, wenn eine gewisse Komfortzone erreicht ist. Er treibt an, will zu neuen Ufern aufbrechen. Endorphine werden freigesetzt, wenn Unbekanntes und Neues locken. Ist Neuland betreten und ist der Strand abgelaufen, so segelt er weiter. Die anderen können den Rest erledigen und die Landkarte zeichnen.

Wie bekommen wir also die Menschen bewegt?

In der Psychologie gibt es zwei mögliche Strategien Menschen in Organisationen zu einer Veränderung zu bewegen:

- Bei der Vermeidungsmotivation wird der Fokus auf die Dinge gelegt, die suboptimal laufen. Aktuelle Krisen werden thematisiert oder kreiert. Existenzängste werden geweckt.
- Die Annäherungsmotivation hingegen stärkt die Hoffnung auf nachhaltige Verbesserung. Zukünftig wird alles besser, angenehmer und einfacher.

Die Motivationspsychologie hat nachgewiesen, dass durch Ängste getriebene Menschen einen geringeren Beitrag zur angestrebten Veränderung leisten als diejenigen, die sich nach Verbesserung sehnen. Ergo: „Die 37° und Nabelschnurversorgung haben in 3 Monaten ein Ende!" vs. „Wenn die Veränderung geschafft ist, wirst du im Arm der Mutter eingekuschelt in eine warme, flauschige Decke nach allen Regeln der Kunst umsorgt!".

Es gilt: **Verbesserungen, die einen konkreten Nutzen erzeugen, setzten Energie und Kreativität frei.**

Die hier präsentierte Methodik basiert auf der Annäherungsmotivation. Die Motivation, Menschen von Ihrem Vorhaben zu überzeugen, beruht auf der Entwicklung und Darstellung einer inspirierenden und plausiblen Vision, die das Auditorium auch emotional berührt. Wir werden die Motivation stets bildlich vermitteln, damit sie sich die Beweggründe und die Maßnahmen tief in unseren Wegbegleitern verankern können. Gerade wenn die Zeit verstreicht, kann die Motivation der Wegbegleiter abnehmen. Das Bild, das uns begleitet, dient als Kompass der Mission.
Es ist wichtig, dieses Bild breitflächig im Unternehmen zu kommunizieren. Das interne Marketing ist besonders wichtig. Denn oftmals kann eine wirklich gute und nützliche Mission in so manchen Kantinengesprächen von Menschen, die keine Ahnung haben, aber irgendetwas gehört haben und mutmaßen, durch selbstlaufende Gerüchte zunichte gemacht werden. Je mehr aktive Transparenz und Kommunikation der Mission, der Ziele und des Fortschritts erfolgt, desto weniger Chance haben die sog. *Katinenhetzer*. Angriffsfläche bieten diejenigen, die – für die Querulanten – im Verborgenen arbeiten, also ihre Informationen innerhalb eines ausgewählten Personenkreises kommunizieren. Je mehr aktive Informationsflut herrscht, desto weniger ist die Mission als eher die Informationsflut angreifbar.
Ferner müssen wir es schaffen emotionale Ziele mit dieser Mission zu erreichen. Unsere Missionsziele sollten die Ziele des Unternehmens sein. Allerdings sind viele Unternehmen nicht in der Lage emotionale Ziele zu formulieren, wie z. B. das des begeisterten Users oder des applaudierenden Kunden, der morgens im Zelt vor dem Laden kampiert, um unbedingt eins Ihrer Produkte zu kaufen. Diese sind eher visionär und emotionaler. Stattdessen formulieren Unternehmen überwiegend ihre Ziele nüchterner: Marktführerschaft, 20% mehr Umsatz oder Reduktion der Fertigungskosten um 30%. Zur Motivation der Menschen ist es aber wichtig, die Vision bildlich im Kopf zu verankern. Das versucht auch ein Mentalcoach für 1.000 Euro am Tag jedem Teilnehmer zu vermitteln. Es ist leichter sich den begeisterten Mitarbeiter vorzustellen, der mit Kollegen kollaborativ und erfolgreich mit anderen über den Globus verteilten Kollegen an einem neuen Produkt virtuell über Video-Konferenzsysteme arbeitet, als das Ziel: „Kollaboration für alle Mitarbeiter". Das von Kehr propagierte 3K-Modell geht davon aus, dass die richtige Motivation erreicht wird, wenn folgende drei Elemente adressiert werden:[11]

---

[11] vgl. Winkler, Brigitte, *Für Veränderungen motivieren mit Kopf, Bauch und Hand*, OrganisationsEntwicklung Nr. 3, 2008, S. 23ff

1. Kognitive Zielsetzungen: Der Mensch findet es wichtig und es entspricht seinen Zielen.
2. Affektive Motive: Der Mensch macht es gerne.
3. Skills: Der Mensch erkennt die nötigen Erfahrungen und Fähigkeiten zu besitzen, die zur Umsetzung notwendig sind.

Wenn Sie also Ihr Auditorium von Ihrer Veränderungsmission überzeugen wollen, adressieren Sie nach Möglichkeit alle drei Elemente. Die Stakeholder Analyse wird uns später helfen, die einzelnen Personen (unser *Auditorium*) zu analysieren. Denn jedes Auditoriumsmitglied muss für sich im Kopf die Entscheidung treffen, die nach Pythagoras die schwerste ist: *Ja* oder *Nein*. Gehe ich den Weg mit oder nicht? Der Kopf zerlegt die Information logisch und präzise. Die Affektivität setzt die Energie zur Umsetzung der Veränderung frei. Wenn sich der Mensch mental in der Lage fühlt, die Veränderung umzusetzen, ist die Motivation erreicht.

3.6   Problem-basierte Veränderungen <> Innovationen

Veränderungen können notwendig sein, um Probleme zu beheben. Ist eine bestehende Lösung suboptimal oder ist sie sogar fehlerhaft, dann muss sie verändert werden: durch Verbesserung oder durch Ersatz der bestehenden Lösung. Eine weitere Veränderung ist innovationsgetrieben: zum Beispiel die Einführung mobiler Geräte oder sozialer Unternehmensnetzwerke. Es gibt jedoch auch Kombinationen beider Veränderungen in Unternehmen.

Innovative Veränderungen werden meist durch neue Technologien und Ansätze in die Unternehmen hineingetragen. Zum Beispiel der Einsatz von sozialen Netzwerken in Unternehmen: obwohl diese Innovation aus dem Konsumentenmarkt bekannt ist, ist es oftmals fraglich, welchen Nutzen diese Innovation für ein großes Unternehmen bringt. Nutzen Mitarbeiter diese Technologie nun wirklich zur effektiveren Zusammenarbeit, um Intelligenz zu vernetzen und hierdurch neue Ideen bzw. Innovationen zu kreieren oder ist es für sie eine neue Möglichkeit, ihr altes Fahrrad außerhalb des Kantinenaushangs an den Mann zu bringen? Kann das Management seine Entscheidungen transparenter machen, durch aktive Kommunikation an die Mitarbeiter, oder ist das Management plötzlich einem firmeninternen Shitstorm ausgesetzt?

Wer eine innovative Veränderung durchsetzen möchte, muss also im Detail die Vorteile und die Möglichkeiten herausstellen, gleichzeitig aber auch die unabdingbaren organisatorischen und technologischen Veränderungen herausarbeiten: Warum wollen wir mittels Innovation verändern? Was ist notwendig, damit die Veränderungen Mehrwerte schaffen? Und wie müssen wir diese Veränderungen umsetzen, damit sie sich positiv auswirken können?

Je konservativer ein Unternehmen ist, desto schwieriger ist es, Innovationen einzuführen. Gleichzeitig gibt es aber auch hippe Unternehmen, die innovative Dinge ohne messbaren Nutzen eingeführt haben. Das *Warum*, *Was* und *Wie* wird im Fall innovativer Veränderungen nicht linear heruntergeschrieben werden können. Vielmehr wird es mehrerer Iterationen bedürfen, bevor das *Warum*, *Was* und *Wie* offensichtlich ist.

Gibt es im Gegensatz zur innovativen Veränderungsabsicht ein konkret greifbares Problem, so ist der Handlungsdruck des Unternehmens klarer und die Mission der Veränderung einfacher.

Es gibt zwei Sorten von Problemen: akute und jedermann bekannte Probleme, sowie schwelende Probleme, die schon seit längerem existieren, für die es keine offensichtliche Lösung gibt und für die es Überzeugungsarbeit beim Management bedarf. Bei letzteren ist die Hektik geringer. Es gibt einen gewissen Handlungsdruck jedoch ist die Schmerzgrenze noch nicht erreicht. Meist ist der Technik eine Lösung für dieses schwelende Problem bekannt. Die Lösung ist allerdings bisher noch nicht freigegeben worden – weil das Problem entweder nicht groß genug ist oder weil die Problematik nicht transparent genug gemacht wurde. Im Fall der Problem-basierten Veränderung ist das WARUM, WAS und WIE offensichtlicher als bei innovativ getriebenen Veränderungsabsichten und kann daher überwiegend iterativ ermittelt werden.

3.7 IT Vertrieb und IT Beratung sind heute anders

Der von Karl-Heinz Lang als *Digitaler Darwinismus* bezeichnete Wandel macht einen beratungsintensiveren Vertrieb nötig. Vor 10 Jahren noch wurden Geschäfte gegründet und man überlegte zusätzlich auch ein Sortiment über das Internet anzubieten. Heute werden Geschäfte auf Internet-Basis gegründet und man überlegt einzelne „offline" Geschäftsstellen zu öffnen.

Ansätze des IT Vertriebs und der Beratung stammen noch zum Teil aus den Zeiten in denen das Geschäftsmodell ein anderes war als das heute erfolgreiche Modell. Vor allem im Vertrieb ging es darum in hohem Maße mit dem Kunden vernetzt zu sein. Großaufträge waren das Ziel des Vertriebs. Pipelines wurden wöchentlich überprüft und gemessen. Wenn ein Vertrag auslief, so war es das oberste Ziel diesen zu verlängern bzw. zu erhöhen. Inwieweit die verkaufte Technologie dem Kunden bei dessen Geschäft unterstützte war zweitrangig. Und ob der Kunde neue Geschäfte mit Hilfe der verkauften Technologie abschließen konnte, war drittrangig.

Der heutige Weg der IT Beratung und des Vertriebs muss partnerschaftlich sein. Der Gewinn des Kunden ist Ihr Gewinn, wenn Ihr Produkt bzw. Ihre Dienstleistung ihm hilft, seine ambitionierten Ziele zu erreichen. Der Kunde muss zwingend einen Nutzen aus dem Angebot ziehen.

Schauen Sie sich nun **beispielhaft** an, wie sich die Welt für die beiden Parteien (Ihr Auditorium und Sie) geändert hat:

Ein Beispiel aus Sicht Ihres Auditoriums

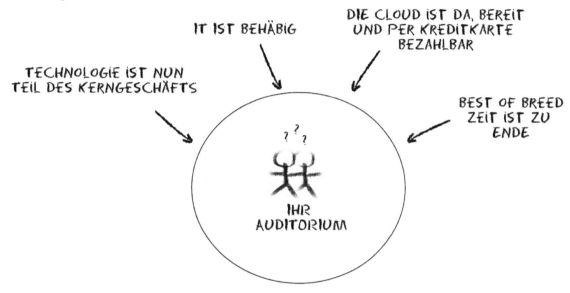

Technologie ist nun Teil des Kerngeschäfts

Ihr Auditorium (also Ihr Kunde bzw. derjenige, der von Ihrem Vorhaben betroffen ist) sieht mit zunehmendem Maße, dass die Technologie nicht mehr nur Lösungslieferant ist, sondern eine Kernkomponente des Geschäfts ist: das vernetzte Auto, das vernetzte Haus, Medizintechnik in Armbanduhren, Taxiruf per App,, Tischreservierung per Internet, Versandhandel ausschließlich über das Internet etc.

IT ist behäbig

In den Lehrbüchern der Wirtschaftsinformatik steht, dass zwischen IT und Business ein sog. *Alignment* geschaffen werden muss. Dass bedeutet, dass sich die IT mit Ihren Prozessen und Systemen am Business orientierten sollte um die Strategie des Unternehmens zu unterstützen. Allerdings tat man sich in der Praxis schwer damit, die Strategie des Unternehmens konkret mit der IT Strategie zu verknüpfen. Eher geschah auf Projektebene, dass das Business einen Auftrag an die IT gab und diese dann gefordert war, dies umzusetzen. Allerdings war und ist die interne IT eine Organisation mit vielen Prozessen, Formularen und Menschen – ergo behäbig.

Das Business hat aber mittlerweile ein technologisch besseres Knowhow als noch vor 10 Jahren, als man die IT'ler aus dem Business aussortierte und in eine eigene IT Organisation steckte. Innovationen entstehen im Business und hier sitzen Menschen, die Dank Apple, Amazon, Google und Microsoft gewohnt sind, „mal soeben" eine App auf dem Tablet oder Smartphone zu installieren oder mittels 7 Klicks und einer Kreditkarte einen virtuellen Server oder sogar ein ganzes funktionsfähiges SharePoint System in der Cloud zu bestellen.

Wie lange dauert es in der Organisation Ihres Unternehmens einen SharePoint Server zu bestellen und bereitzustellen oder eine virtuelle Maschine mit Windows Server 2012 in kleiner Größe, was bei Belieben um 12 weitere Server erweitert werden kann? 10 Minuten? Einen Tag? Oder gar 3 Monate? Und was, wenn 12 Server bestellt wurden, man aber nach einem Monat Research und Development feststellt, dass man nur 4 benötigt und diese auch nur bezahlen möchte? Müssen dann dennoch alle 12 Server für 3 Jahre bezahlt werden?

Die Cloud ist da, bereit und per Kreditkarte bezahlbar

Zum Unwillen vieler CIOs, die den behäbigen IT-Tanker in den letzten Jahren auf Kosteneffizienz getrimmt haben, kam es in den letzten Jahren vermehrt dazu, dass die Fachabteilungen für nicht-produktive Systeme die interne IT mittels Reisekostenabrechnung umgangen haben: sie haben einfach bei Amazon & Co Server und Systeme gemietet und erfolgreich eingesetzt. Die sog. *Public Cloud* Anbieter fragen nicht die IT Abteilung um Erlaubnis – sie werden schlichtweg eingesetzt.

Der Vertrieb, der sich über die Jahre mit der internen IT vernetzt hat, bekommt von alldem nichts mit, denn er redet nur mit der IT, die dies nur erahnt.

Eine Analogie: stellen Sie sich nur einmal vor, sie möchten ein neues Produkt entwickeln, das der zukünftige Star Ihres Unternehmens sein wird. Alles was Sie benötigen ist die Idee, Budget, den Entwickler und – viel Strom. Leider muss Ihr Unternehmen den Strom selber produzieren und hält sich ein eigenes Kraftwerk. Damit Sie Strom bekommen müssen Sie viele Formulare ausfüllen und hierbei angeben wie viel Strom Sie benötigen in den nächsten 3 Jahren. Allerdings wollen Sie nur 3 Monate entwickeln und testen und nicht 3 Jahre. Nachdem der Antrag 3 Wochen durch die Bürokratie der hausinternen Kraftwerksbetreiber gelaufen ist, kommt die Antwort, dass die benötigten Kapazitäten erst in 6 Monaten zur Verfügung stehen werden, da das Kraftwerk momentan ausgelastet ist. Wenn Sie aus dem Fenster schauen laufen Strommasten vorbei und Sie wünschen sich das Kabel selbst über den Zaun zu legen, damit Sie endlich anfangen können um die Idee umzusetzen.

Vor 80 Jahren hatte auch noch jedes Unternehmen sein eigenes Kraftwerk. Mittlerweile werden die meisten Betriebe von Stromlieferanten versorgt.

Und genauso ist es mit der IT: Strom ist da. Wird er genutzt, muss man bezahlen. Wird er nicht genutzt, muss man nicht bezahlen. Cloud Server sind da. Werden sie genutzt, muss man bezahlen. Werden sie nicht genutzt, muss man nicht bezahlen.

Best of Breed Zeit ist zu Ende

In den IT Unternehmen wurden Karrieren auf Basis von Technologie Stacks möglich gemacht. Technologie Stacks ernähren bis dato ganze Organisationsbereiche. Jeder Teil eines solchen Organisationsbereichs brüstet sich mit Fachverstand, der ein Teil des Ganzen abdeckt und perfektioniert wurde. Stellen wir uns nur einmal vor, dass ein solches System aus 10 Einzelteilen besteht und hinter jedem Einzelteil eine Person steht, die durch die Existenz dieses Einzelteils ernährt wird. Und nun kommen Sie (als Business) an und benötigen etwas, was schnell zur Verfügung steht. In diesem Fall melden sich erst einmal 10 Personen zu Wort und wollen Ihre Expertise unter Beweis stellen.

Dasselbe Beispiel aus Ihrer Sicht

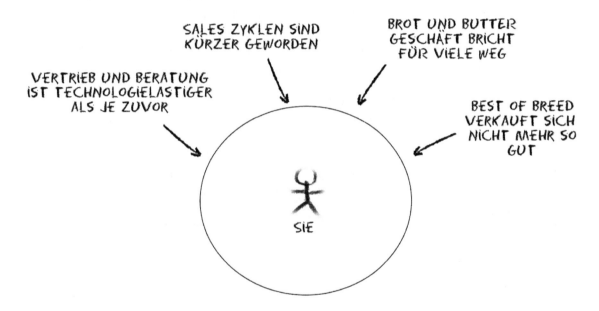

Vertrieb und Beratung sind technologielastiger als je zuvor

Vertrieb und Beratung der Best of Breed Zeit sind vorbei. Konnte man früher noch Einzelteile verkaufen und die Exzellenz und Markführerschaft des eigenen Produktes loben, so sind nun komplexere Lösungen gefragt, die jedoch schnell, einfach und kostenoptimiert bereitgestellt werden können. Die Lösung als Ganzes muss einen Nutzen bringen, den das Business als Geldgeber anerkennt.

Die Beratung im Vertrieb muss dem Auditorium zwingend den Nutzen präsentieren. Das Auditorium verfolgt ein Ziel, das es zu erreichen gilt. Und das angebotene Produkt bzw. die angebotene Lösung muss dabei helfen, dieses Ziel zu erreichen. Nicht mehr die einzelne Technologie ist wichtig sondern die Lösung bzw. der Service.

Sales Zyklen sind kürzer geworden

Reichte es vor Jahren noch aus einen sog. „Big Deal" abzuschließen und dann alle 12 Monate auf einen Kaffee beim Kunden vorbeizuschauen, da man in der Zwischenzeit schon den nächsten Kunden intensivst betreute, so erfordert die Dynamik und Partnerschaft mit dem Business nun zunehmend kleinere Verträge mit kürzeren Abschlussphasen – idealer Weise natürlich flankiert von größeren Langzeitverträgen.

Das Brot und Butter Geschäft bricht für viele weg

Die Konkurrenz durch das Internet Geschäft ist für viele größer geworden. Nicht nur für reine Technologieanbieter sondern auch für die anderen Unternehmen. Innerhalb der IT Organisationen gibt es noch diejenigen, deren Erfolg und Karriere auf einer Technologie beruht. Allerdings sind diese Personen immer seltener entscheidungsbefugt. Die Agilität und Flexibilität von Lösungen ist gefragter denn je. Früher waren Server austauschbar, dann waren es Storagesysteme, dann Middleware-Systeme und heute ganze CRMs. Und durch das Angebot aus dem Internet hat nicht nur der Buchhändler in der Stadt ein Problem sondern auch Ihr Business, Ihre IT und Ihre Lieferanten Microsoft, Oracle, SAP, Amazon, EMC & Co.

Best of Breed verkauft sich nicht mehr so gut

Best of Breed verkauft sich nur noch in Nischenmärkten. Das Beste und Schnellste verkauft sich nicht mehr so leicht wie noch vor 10 Jahren. Selbst die Teilnehmer der Formel 1 müssen sparen.
Das Problem vieler Vertriebsorganisationen ist, dass die „alte" Truppe Best of Breed verkauft hat und nun nicht mehr mit den IT Menschen reden muss, sondern mit dem Business, dass schneller und agiler geworden ist. Im Business werden neue Geschäftsmodelle erprobt und recht schnell wieder eingestampft. Und hier muss die IT unterstützen, mit ganzheitlicher Fach- und Lösungskompetenz: „Du möchtest ein Ziel erreichen? Kein Problem ich helfe dir dabei!"

Bevor Sie etwas verändern müssen Sie wissen **WARUM** Sie etwas verändern wollen, **WAS** genau Sie verändern wollen & **WIE** Sie es verändern wollen

[Veränderungen sind nicht das was man kauft. Veränderungen sind das, was man denkt]

4 Das erfolgreiche Voranbringen Ihres Vorhabens: Gehör verschaffen & effizienter kommunizieren

4.1 Überzeugende Kommunikation beginnt mit der expliziten Analyse für den Grund der Veränderungen

Bevor Sie Menschen bewegen müssen Sie sich selbst bewegen. Ihr Ziel ist es, Menschen von der eigenen Mission zu überzeugen und sie zu motivieren, Sie dabei zu unterstützen. WARUM schlagen Sie eine Veränderung vor?

Hierbei müssen Entscheidungen getroffen werden, Dinge müssen umgesetzt und verändert werden. Aus diesem Grund müssen Sie sich bewegen. Sie müssen den Grund für Veränderungen explizit analysieren und verstehen. Jede Minute Aufwand wird Ihnen durch die richtige Analyse, Zusammenstellung und Aufbereitung Ihres Bewegungsgrundes durch die Beteiligten vielfach zurückgezahlt.

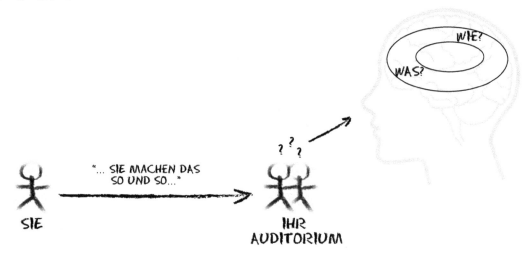

FALSCH:

"... SIE MACHEN DAS SO UND SO..."

SIE

IHR AUDITORIUM

WIE?

WAS?

Im Folgenden werden **Sie**, Ihr **Vorhaben** und Ihr **Auditorium** in den Vordergrund gestellt: Sie wollen Menschen – also das Auditorium – von Ihrem Vorhaben überzeugen bzw. im Verlauf über Ihr Vorhaben informieren. Zu Beginn dieses Buches haben Sie verstanden, dass erfolgreiche Vorhaben auf der emotionalen Ebene – dem WARUM beginnen: WARUM sollen sich Menschen verändern? WARUM sollen Menschen etwas anders machen als zuvor? WARUM müssen sie eine organisatorische Veränderung vornehmen? WARUM müssen sie das Produkt XYZ kaufen und einsetzen?

Viele technikaffine Menschen, die den ganzen Tag nur mit Technikern reden, kommunizieren primär auf der rationalen Ebene. Man unterhält sich über Technik, Features und Prozesse. Die Entscheidungen werden auf Grund der organisatorischen Strukturen der Neuzeit immer mehr von Menschen getroffen, die weniger technikaffin sind. Laut einer Gartner Studie sind in Unternehmen mit bis zu 500 Mitarbeitern nur 7 gleiche Personen an allen Kaufentscheidungen beteiligt. Auf Großunternehmen hochgerechnet, ergibt sich immer noch ein recht kleiner Kreis. Daher ist es falsch, direkt das WAS und WIE zu adressieren wenn Sie möchten, dass die Entscheider (also Ihr Auditorium) Ihr Vorhaben unterstützen.

Holen Sie Ihr Auditorium ab und machen Sie Ihm deutlich, WARUM Ihr Vorhaben bzw. die damit adressierte Veränderung notwendig ist: statt zu sagen „Sie machen das so ... und ... so (... weil ...)" argumentieren Sie „... weil Sie ... verbessern müssen ... und ... erreichen wollen ... machen Sie das so ... und ... so"

Das größte Problem der Technik ist, dass sie sich selbst in den Vordergrund stellt. Dies mag auch berechtigt sein, aber die Technik ist nicht der Geldgeber. Das Geld kommt vom Business und das Business versteht die Technik wenn überhaupt nur oberflächlich. Die Aussage „Wir müssen Produkt X einführen" ist an der Tagesordnung. Diese Aussage reduziert den Technikbereich auf Technik. Aber ist Technik nicht dasjenige Hilfsmittel eines Unternehmens, das Neues ermöglicht und Mehrwerte für das Unternehmen schafft? Also wird der Entscheider oder auch Geldgeber auf diese Frage eine Gegenfrage stellen: zum Beispiel „Warum?".

Ein erstes offenkundiges Resultat der Versuchsreihen von Dietrich Dörner in *Die Logik des Misslingens* ist, dass erfolgreiche Probanden mehr Warum-Fragen stellen als diejenigen, die scheitern. Durch die Warum-Fragen interessiert man sich mehr für die kausalen Zusammenhänge des Ganzen. Meist werden die Informationen, die man überliefert bekommt, nicht zusammen mit dem kausalen Zusammenhang geliefert. Derjenige, der die Informationen überträgt, kennt den Zusammenhang und transportiert meistens nur das für ihn essentiell Wichtige. Derjenige, der die Informationen empfängt, muss dann den Zusammenhang Stück für Stück erfragen.

4.1.1 Hervorheben der Beweggründe Ihres Vorhabens

Die zentrale Frage aller Fragen ist also die Frage nach dem WARUM: Sie möchten etwas verändern. Aber damit Sie etwas verändern können müssen Sie Menschen dazu bewegen Ihnen bei der Veränderung zu helfen. Die erste Frage die das Auditorium stellen wird ist also „warum?" – „Warum möchten Sie etwas verändern und warum sollen ausgerechnet Sie uns dabei helfen? Warum ist es notwendig etwas zu verändern?"
Dies gilt für den Vertrieb als auch für die Beratung – ganz gleich ob intern oder extern.

Aus diesem Grund ist es erforderlich Ihre Beweggründe so explizit wie möglich darzustellen. Hierbei müssen Sie beachten, dass jedes Mitglied des Auditoriums seine eigenen Interessen und Ziele verfolgt und darauf bedacht ist, diese Zielsetzung zu erreichen.
Dixon und Adamson haben im Rahmen ihres Bestsellers *The Challenger Sale* festgestellt, dass von den 5 möglichen Typen eines Vertrieblers der sog. *Challenger* Typ bei weitem der erfolgreichste ist. Der Grund für den Erfolg ist u. a. das Hinterfragen und Verstehen des Kunden und der Dinge, die dem Kunden nützen, damit dieser erfolgreich Geschäfte tätigen kann. Hierzu jedoch später mehr.

4.1.2 Eine Veränderung betrifft primär Personen, Prozesse & Technologie

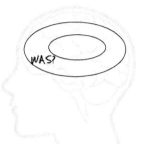

Die zweite aller Fragen ist die Frage nach dem WAS? Sie möchten etwas verändern. Aber was genau möchten Sie verändern? Und was genau muss getan werden damit Ihr Auditorium etwas verändert?

Das *WAS* muss stark konkretisiert werden: Personen, Prozesse und Technologie sind in der Regel von Veränderungen betroffen. Bereits an dieser Stelle ist es gut, dass Sie im ersten Schritt geklärt haben, *WARUM* derartige Veränderungen notwendig sind.

Sicherlich wird es viele Mitglieder des Auditoriums geben die schon immer gewusst haben was getan werden muss. Für sie ist es also nichts Neues: *„Aber in unserer Firma hatte noch niemand bisher etwas unternommen!"* Wenn Sie nun etwas ändern wollen, *WIE* ändern Sie es dann?

4.1.3 Konkret benötigte Maßnahmen & Technologien der Umsetzung Ihres Vorhabens

Die Frage nach dem WIE? umfasst den komplexesten und anspruchsvollsten Teil Ihrer Analyse. Wenn Sie etwas bewegen wollen, dann muss Ihr Auditorium etwas Bestimmtes tun. Vielleicht muss Ihr Auditorium aber auch aufhören etwas Bestimmtes zu tun. Oder Ihr Auditorium muss bestimmte Dinge verändern. Vielleicht müssen Sie Ihr Auditorium aber auch dazu bringen, sicherzustellen dass Existierendes erhalten bleibt während es anderes verändert.

Nun nehmen wir einmal an, Sie erstellen die perfekte Analyse. Sie stellen das *WARUM?*, *WAS?* und *WIE?* explizit in den Vordergrund. Dennoch ist die Wahrscheinlichkeit sehr hoch, dass Sie auf Bedenkenträger stoßen, deren typische Fragestellung ein WAS IST WENN ...? ist. Hierauf sollten Sie gefasst sein! Diese Fragestellung zwingt Sie nach Alternativen Ausschau zu halten. Zudem müssen Sie sich Gedanken machen welche Risiken die von uns vorgeschlagenen Veränderungen in sich bergen. Aber gleichzeitig ermöglicht diese Fragestellung uns auch Gedanken darüber zu machen, welche Risiken die Unterlassung unserer Veränderung aufweist.

4.1.4 Ihr Auditorium: Entscheider, Nutznießer, Betroffene & Gegner

In Unternehmen geht es zu wie in der Politik. Je größer ein Unternehmen ist desto mehr Politik ist im Spiel. Neben einer offiziellen Struktur eines Unternehmens, die in einem Organigramm abgebildet ist, existiert immer auch eine inoffizielle Struktur, die über die Jahre entstanden ist. Organisatorische Veränderungen mögen vielleicht Organigramme verändern, aber die Verbindungen zwischen Mitarbeitern bleiben meist dieselben. Es entstehen Netzwerke, die untereinander kommunizieren und interagieren. So genannte *Seilschaften* verfolgen Interessen selbst nachdem vermeintliche Umorganisationen die vorhandenen Strukturen aufgebrochen haben. Teile dieser Netzwerke konkurrieren miteinander, wohingegen andere Teile der Netzwerke miteinander agieren.

IHR AUDITORIUM

Wenn Sie nun Ihr Vorhaben dem falschen Auditorium vorlegen, werden Sie wenig Erfolg haben. Daher ist es umso wichtiger die Analyse des Auditoriums mit in Betracht zu ziehen. Welche Interessen hat das Auditorium? Wer sind die Entscheider innerhalb des Auditoriums? Wer innerhalb des Auditoriums kann mich und meine Mission unterstützen? Wer ist dagegen? Wie detailverliebt sind die Personen innerhalb des Auditoriums? Gibt es Personen die nur ein Minimum an Informationen benötigen aber schnell entscheiden werden? Oder gibt es Personen die bis ins letzte Detail alle Informationen haben möchten bevor sie eine Entscheidung treffen können?

Wer sich beispielsweise für Ihr Cloud Produkt interessiert, muss nicht unbedingt die positiven Aspekte Ihrer Lösung interessant finden. Vielleicht ist er von der Ebene über ihm gebeten worden, diese Technologie zu analysieren, um mögliche Einsatzfelder für das Unternehmen auszuloten. Vielleicht hat er aber kein Interesse Ihre Lösung einzusetzen, da er einen Machtverlust in seinem Organisationsbereich fürchtet. In diesem Fall möchte er die Grenzen Ihres Produktes kennen lernen. Diese verleihen ihm genug Munition um seine Festung zu auszubauen.

Jeder Mensch verfolgt individuelle Ziele. Im Privatleben sind dies vielleicht Familie, Glück oder der Aufstieg im lokalen Schützenverein. Im Unternehmen sind dies häufig Erfolg, Macht, Gehalt oder möglichst wenig Arbeit. Die moderne Organisation ist heutzutage so aufgebaut, dass sich die individuellen Mitarbeiterziele an den Unternehmenszielen orientieren. Typischerweise verteilt eine Führungskraft seine eigenen Ziele an die Mitarbeiter, so dass diese seinen Bonus sichern.

Ich erinnere mich an ein Kick-Off bei dem ein EMEA Vertriebsleiter den deutschen Vertriebsleiter (also seinen Mitarbeiter) mit der Frage begrüßte, ob er seiner Frau *Thea* am Ende des Fiskaljahres das neue Auto kaufen kann. Die Ziele des EMEA Vertriebsleiters setzten sich zusammen aus den einzelnen Länderzielen (Deutschland, Frankreich etc.) und bestimmten sein Gehalt zu knapp 50%. Die Ziele seines Mitarbeiters (also des deutschen Regionalleiters) zahlten hierbei auf Grund der Marktgröße Deutschlands zu 35% ein und setzten sich aus den Individualzielen zusammen. Wenn also ein Mitarbeiter seine Ziele nicht erreicht, benötigt sein Vorgesetzter schon mindestens einen weiteren Mitarbeiter, der seine Ziele übererfüllt, damit er – als Vorgesetzter – zumindest die 100% erreicht. Erreicht er sie nicht, benötigt der EMEA Vertriebsleiter mindestens einen weiteren Regionalleiter, der die schlechte Performance der Deutschen mittels Übererfüllung kompensiert. Tritt dieses Ereignis nicht ein, so bekommt *Thea* kein neues Auto und ist sauer.

Ähnlich verhält es sich mit den Zielen eines CIO, die kosten- und qualitätslastig sind. Die Systeme müssen laufen (und ggf. modernisiert werden). Die internen Kunden (Fachabteilungen, End User) müssen zufrieden sein und die Kosten müssen alle Jahre wieder gesenkt werden. Diese Ziele werden an die Bereichsleiter weitergereicht und – je nach Betriebsvereinbarung – peu a peu innerhalb der Hierarchie verteilt.

Für Sie ist es also wichtig zu wissen, WER vor Ihnen sitzt: Was sind die individuellen Ziele? Sind die Ziele evtl. bereits erfüllt? Darf die Person Entscheidungen für oder gegen unser Vorhaben fällen? Je höher die Person in der Hierarchie angesiedelt ist, desto größer ist ihr variabler Gehaltsanteil und desto stärker ist die Person an der (Über-)Erreichung der Ziele interessiert. Durch Übererreichung der Ziele hat die Person die Möglichkeit in der Hierarchie weiter aufzusteigen (sofern sie noch nicht CxO ist). Wenn die Ziele aber bereits erfüllt sind und die Übererreichung gedeckelt ist, dann ist die Motivation gleich Null. **Das WARUM Sie also etwas vorhaben rückt umso stärker in den Vordergrund, je höher die Person in der Hierarchie des Unternehmens angesiedelt ist.**

Auch diese Fragen müssen im Vorfeld beantwortet werden damit Sie erfolgreich sein können. Jedoch sei vorweg gesagt, dass nicht alle Interessen befriedigt werden können. Es gilt diejenigen Personen herauszufiltern, die bei der Umsetzung ihrer Mission hilfreich sind und Entscheidungen treffen können.

4.2   Die Methodik im Überblick

Dinge zu verändern bedeutet Aufwand. Sie müssen jeden Tag aufs Neue Ihre Kräfte sammeln, um Menschen von der Idee, Dinge verändern zu wollen, zu überzeugen. Daher muss die Analyse gemäß *WARUM?*, *WAS?*, *WIE?* (und natürlich auch *WER?*) quasi in Fleisch und Blut übergehen. Auch wenn Sie der Meinung sind, dass jeder der Beteiligten mittlerweile wissen sollte, warum Sie etwas verändern wollen und was Sie verändern wollen, müssen Sie sich stets erklären und rechtfertigen. Dank der Tatsache, dass firmeninterne E-Mails sich üblicherweise schneller als Kaninchen vermehren, wird mit dem Lauf der Zeit immer wieder jemand Neues auf Sie aufmerksam werden und Fragen stellen: *WARUM?*, *WAS?*, *WIE?*

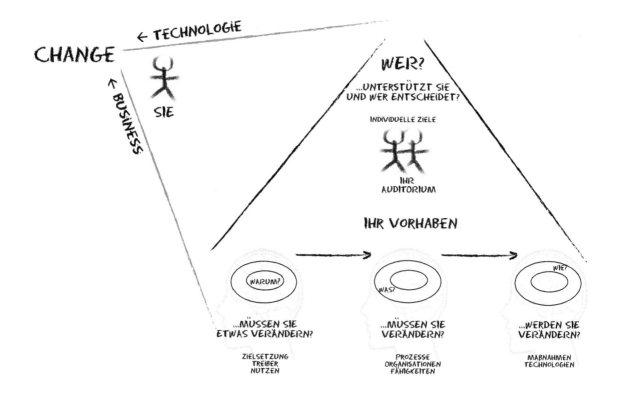

Es empfiehlt sich daher die Struktur der Analyse mit dem Ziel eines Vorhabenaufbaus genau nach diesem Prinzip aufzubauen. Denn, wenn jemand fragt, dann können Sie die Fragen auch direkt beantworten. Zudem hilft es Ihnen im Verlauf des Projektes sich immer wieder an das *WARUM?* und *WAS?* zu erinnern.

Die Analyse des Auditoriums ist ein stetiger Prozess, der Feedbackschleifen enthält. Sie können Ihre Story nicht an jeden anpassen. Aber Sie können sie für die wichtigen Personen maßschneidern.

Der gesamte Analyseprozess ist keine Einbahnstraße und auch kein Ein-Personenunternehmen. Es ist eine Interaktion mit Menschen in Form von Workshops, E-Mails, Telefonaten und Online-Konferenzen. Mit jedem Gespräch lernen Sie dazu – und so sollten Sie auch flexibel sein und Rücksprünge erlauben.

Noch ein paar Hinweise:

- Denken Sie immer daran, dass sie ihre Mission so einfach wie möglich beschreiben. Dass Sie jeder, der im Auditorium sitzt, oder mit ihrer Mission über Dritte in Berührung kommt, sofort versteht. Das bedeutet: formulieren Sie alles so deutlich wie möglich und mit möglichst wenig Fachsprache. Sie verstehen sicherlich was Sie niederschreiben. Aber Dritte, die nicht direkt involviert sind (insbesondere in die Fachthematik) werden es schwer haben Ihre Mission bzw. die Punkte Ihrer Mission zu verstehen.

- Denken Sie auch daran, dass diejenigen, die Sie bei ihrer Mission unterstützen sollen, einen persönlichen Nutzen aus dieser Mission ziehen müssen. Ansonsten sind Sie auf deren guten Willen angewiesen. Denken Sie auch daran, dass Sie ihre eigenen Interessen in den Hintergrund stellen. Versuchen Sie, die Interessen des Auditoriums in den Vordergrund zu stellen.

Ein nicht zu unterschätzendes Problem der „Missionierung" ist, dass die Veränderungen, die Sie vorschlagen, meistens nicht neu sind bzw. noch nie in den Köpfen des Auditoriums herumschwirrten. Sobald Sie also mit einer organisatorischen Veränderung auf der Bühne erscheinen, wird der ein oder andere im Auditorium sie wiedererkennen und mit ihr sein eigenes Gedankenkonstrukt verbinden. In der Regel besteht dieses Gedankenkonstrukt nicht nur aus einem "... dies und das müssen wir machen..." sondern auch aus (vielleicht noch nicht ausgesprochenen) Maßnahmen, die sich die Person überlegt hat. Haben Sie also ein Gespür für das Auditorium, das bereits Vordenker für das ein oder andere Thema ist. Dies gilt sowohl im Vertrieb als auch in der Beratung.

Ihr Erfolg ist schlichtweg davon abhängig wie gut Sie mit den Leuten reden, ihnen zuhören, und das, was sie Ihnen sagen, aufnehmen, priorisieren, strukturieren und aufschreiben können. Anschließend müssen Sie natürlich das Aufgeschriebene bewerten und analysieren. Wenn das, was sie analysiert haben, zu einer Mission passt und wenn Sie glauben, dass Sie diese Mission verkaufen können, und andere davon überzeugen können, diese Mission zu genehmigen, dann haben Sie das Schwierigste bereits geschafft.

WARUM?

Ziele,
Nutzen,
Treiber aus Unternehmenssicht

Nur **10%** dessen, was Sie erzählen, wird behalten.

Kombinieren Sie Ihre Erzählung mit Bildern, behält das Auditorium ganze **65%**.

4.2.1 WARUM: Treiber, Ziele & Nutzen aus Unternehmenssicht

Wir haben in den vorherigen Kapiteln festgestellt, dass die Frage nach dem WARUM die zielführende Frage in der Analyse und Vorbereitung ist. Es ist Ihr Ziel das Auditorium von Ihren Beweggründen zu überzeugen und es für die Unterstützung Ihrer Mission zu gewinnen. Ihr Ziel muss auch das Ziel des Auditoriums sein. Damit dies gelingt, müssen Sie selber wissen, was Sie vorhaben und warum Sie etwas vorhaben. Was Sie vorhaben wissen Sie meistens sehr genau. Das WARUM ist jedoch meist nur oberflächlich bekannt, da Sie sich bereits auf das WAS und WIE fokussiert haben.

Auch Schranner[12] wird in Bezug auf Verhandlungstaktiken nicht müde zu betonen, dass man seinen Verhandlungspartner nicht lange nach dem Nutzen suchen lassen soll. Warum soll beispielsweise jemand mit Ihnen ein Geschäft tätigen? Warum soll Ihr Auditorium etwas verändern, was Sie vorschlagen? Sie werden nur dann zu einer zufriedenstellenden Vereinbarung für beide Seiten kommen, wenn Ihr Auditorium einen Nutzen in der Veränderung sieht. Und genau an dieser Stelle zahlt sich die Vorarbeit aus, die Sie geleistet haben, indem Sie sich Tage oder Wochen zuvor gefragt haben, welchen Nutzen Ihr Auditorium aus Ihrem Vorhaben ziehen kann und warum es mit Ihnen ein Geschäft tätigen soll.

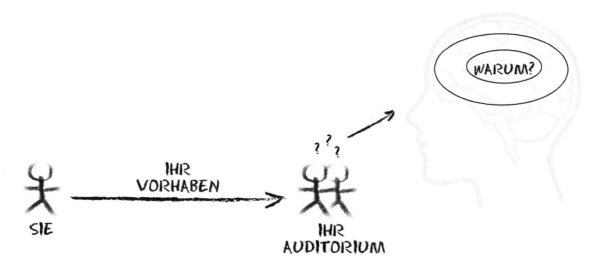

Zu Beginn dieses Buches haben Sie festgestellt, dass die Beschreibung dessen, WARUM man etwas macht bzw. vorhat, der entscheidende Faktor ist, der andere Menschen dazu führt, Ihnen zu folgen und Sie zu unterstützen – oder auch nicht. Menschen kaufen nicht WAS Sie machen, sondern WARUM Sie es machen. Sie müssen Ihr Auditorium von dieser, Ihrer Sache überzeugen: weil Sie bspw. damit die Kundenzufriedenheit erhöhen oder die Summe der monatlichen Pönale reduzieren. Die Organisation, in der sich die Mitglieder Ihres Auditoriums befinden, hat Ihre eigene Hierarchie samt eigenem Belohnungssystem. Dieses Belohnungssystem ist so aufgebaut, dass die Entscheider immer dann einen monetären Bonus bekommen, wenn sie ihre Ziele erreichen. Und die Ziele sind größtenteils die auf Individuen heruntergebrochenen Ziele des Unternehmens.
Aus diesem Grund dekomponieren wir nun das, was ein Unternehmen antreibt, in Einzelteile, um die Sicht auf das WARUM zu vereinfachen.

---

[12] vgl. Schranner, Matthias, *Verhandeln im Grenzbereich*

The Challenger Sale

In ihrem Bestseller *The Challenger Sale* beschreiben Dixon und Adamson den erfolgreichsten Vertriebler mit folgenden Fähigkeiten:

- Zeigt dem Kunden einzigartige Perspektiven auf
- Beherrscht die bidirektionale Kommunikation
- Kennt Nutzen, Ziele und Treiber des Kunden
- Identifiziert die ökonomischen Treiber des Marktes seines Kunden
- Diskutiert Preise
- Führt den Kunden

Das Ergebnis beruht auf einer Auswertung von 6.000 Profilen, die weltweit und branchenübergreifend erhoben wurden. 27% der Profile wiesen auf den Typ *Challenger* hin.

Nach Schranner[13] kaufen Kunden nie das Produkt sondern das Produkt des Produkts – den Nutzen. Man kauft einen neuen Staubsauger in der Regel nicht, weil man etwa gerne Staubsauger kauft, sondern weil man mit dem Kauf einen bestimmten Nutzen verbindet. Ein Hunde- oder Katzenbesitzer kauft einen Dyson Animalpro beispielsweise nicht, weil dieser Staubsauger eine tolle rotierende Bürste besitzt und futuristisch aussieht, sondern will er die Haare damit auch kinderleicht aus dem Teppich saugen kann. Er kauft auch das passende Car Kit hinzu, damit er die Haare auch aus dem letzten Winkel des Kofferraums entfernen kann.

Die Ökonomie des Kunden bzw. dessen Nutzen sind Thema dieses Buches und bilden das Fundament unseres WARUMs. In Anlehnung an Peterson und Riesterer muss man dem Auditorium etwas erzählen, dass es nicht bereits weiß, z. B. über Probleme, die existieren, und von dem es noch nicht weiß, dass es sie hat. Wie z. B. der Eisberg, auf den das Schiff gerade zuläuft. Durch eine solche Veränderung in der Kommunikation mit dem Auditorium hat es bspw. die Firma ADP ohne die Einführung neuer Lösungen und Produkte geschafft, in nur 90 Tagen 145 Vorhaben zu Ihren Gunsten zu entscheiden wobei 115 Status quo Deals hin zu einer Veränderung bewegt wurden.[14]

Schauen Sie sich nun an, wie der Nutzen, die Ziele und Treiber zusammenhängen und im Gesamtkontext dargestellt werden.

Sie, die anderen & der Status quo

In der Regel haben Sie einen Konkurrenten. Dies gilt sowohl für interne Vorhaben als auch im Besonderen für den externen Markt. Wenn Sie Ihrem Auditorium ein Vorhaben schmackhaft machen wollen, dann gibt es 3 mögliche Szenarien:

---

[13] Matthias Schranner / Verhandeln im Grenzbereich

[14] vgl. Peterson, Erik / Riesterer, Tim, *Conversations That Win The Complex Sale*, 2011, S. 19

1. **Ihr Vorhaben wird umgesetzt**. Im Vertrieb und in der Beratung bedeutet das, dass Ihr Kunde bzw. Ihre Organisation ihre Lösung bzw. Ihr Produkt kauft und sich entsprechend verändert – organisatorisch und technisch. Prima.

2. **Ihr Vorhaben wird nicht umgesetzt**. Ihr Auditorium konnte oder wollte sich nicht entscheiden. Oder das Vorhaben wir abgelehnt. Man verharrt im Status quo. Ihr Vorhaben (und ggf. das Ihrer Konkurrenz) hat das Auditorium nicht zu einer Veränderung bewegt.

3. **Das Vorhaben der Konkurrenz wird umgesetzt**. Ihr Auditorium bewegt sich, es will eine Veränderung. Sie ziehen den Kürzeren.

Peterson und Riesterer konnten im Rahmen eines Beratungsprojektes diese 3 Szenarien mit realen Zahlen verknüpfen:[15]

- Ihr Technologiekunde verkaufte seine Produkte an Banken. Eine Auswertung des CRM Systems ergab, dass 40% aller Deals mit dem Status quo endeten. Der Branchendurchschnitt lag zu dieser Zeit bei 20-30%. Andere Kunden von Peterson und Riesterer hatten sogar 60% Status quo Anteil.

- Im sog. *Bake-off Prozess*, bei dem das kaufende Unternehmen konkurrierende Lösungen 1:1 miteinander verglich, wurde es immer unschön, da jede Partei primär gegen die andere opponierte. In einem Moment liegt man in Führung, ein einer anderen Runde ist die Konkurrenz wieder vorne. Innerhalb dieses Prozesses gibt es dann den sog. *Spec War*, bei dem Features 1:1 gegenübergestellt und analysiert werden. Im schlimmsten Fall kann sich der Kunde gar nicht entscheiden. Die Situation endet wie bei Buridans Esel, der sich nicht zwischen zwei vermeintlich identischen Heuballen entscheiden konnte: er (ver)endet im Status quo.

- Die Ursache für den Status quo ist, dass die Kunden in der Regel nicht wirklich von sich aus einen Bedarf für das von Ihnen vorgeschlagene Vorhaben sehen. Es entwickelt sich eher und Ihr Kunde überlebt, ob ihr Vorhaben überhaupt benötigt oder nicht.

- Petersons und Riesterers Kunde schätzte auf Basis der CRM Daten, dass 35% aller Deals gewonnen werden und 25% der Deals an die Konkurrenz verloren gehen. Dies galt für die letzten 10 Jahre. Man kämpfte Auge um Auge an der Kundenfront und optimierte das Opponieren für den Fall des Spec Wars. Die Strategie war, mehr von den 25% abzugreifen, die an die Konkurrenz abgegeben wurden. Messgröße war der Marktanteil.

- Den Unterschied, den Person und Riesterer gemacht haben, war nicht die 25% Marktanteil der Konkurrenz ins Auge zu fassen, sondern den 40%-igen Status quo Anteil zu reduzieren. Und dies erfordert eine andere Herangehensweise an den Kunden und die Art und Weise,

---

[15] vgl. Peterson, Erik / Riesterer, Tim, *Conversations That Win The Complex Sale*, 2011, S. 12ff

wie man mit ihm spricht. Dixon und Adamson würden dies als Charaktereigenschaft des Challenger Type bezeichnen.

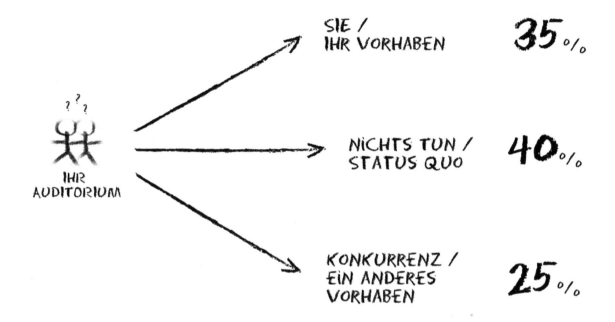

Ziele, Nutzen & Treiber aus Unternehmenssicht

Strebt man eine Veränderung an, gilt es die Frage nach dem WARUM zu klären. Ward/Peppard/Daniel unterteilen Kriterien für das WARUM in 3 Kategorien: Nutzen (*Business Benefits*), Treiber aus Unternehmenssicht (*Business Driver*) und unternehmerische Investitionsziele (*Investment Objectives*). Auf der Suche nach Argumenten für die angestrebte Veränderung können die gefundenen Argumente in diese drei Kategorien eingeteilt werden wobei die Kategorien wie folgt definiert sind:

Treiber (aus Unternehmenssicht): Treiber können intern und auch extern sein. Sie sind immer im Kontext des Unternehmens zu sehen. Es handelt sich um Probleme, bei denen sich die Unternehmensführung einig ist, dass die Organisation sich diesbezüglich verändern muss. Es kann sich aber auch um Probleme handeln, die der Markt, in dem sich das Unternehmen bewegt hat bzw. zukünftig haben wird ("Erzählen Sie mir von Problemen, die ich noch nicht kenne!").
Beispiele:
- *Wunsch nach Standardprodukten*: Kunden möchten Einfachheit in der Produktlandschaft. Die teure Individualisierung ist nicht mehr so gefragt wie die günstigeren

Standardprodukte, die mit weniger Abhängigkeiten und kürzeren Release Zyklen daherkommen.

- *Vorhersagbare Kosten in der IT*: Mit der Standardisierung der Produkte wird auch eine Standardisierung der Kosten gefordert werden. Viele Projekte sind auf Grund der Individualisierung preislich förmlich explodiert. Die Kunden möchten überschaubarere Kosten der angebotenen IT Services – ähnlich einer Telefonflatrate.
- *Die Kunden fordern flexiblere IT Services*: Ihr Kunde weiß die Qualität Ihrer IT Services zu schätzen. Allerdings fällt es Ihnen schwer, frühzeitige Prognosen bzgl. CPU-, Storage- und Netzbedarfs der nächsten Wochen und Monate zu erzeugen. Erst wenn es Ressourcentechnisch eng wird, wird nachbestellt, was dann zu wochenlangen Lieferfristen auf Ihrer Seite führt. Daher fordert die Kundschaft IT Services, die wie Strom aus der Steckdose kapazitativ relativ spontan zu- und wieder abgebucht werden können.
- *Wettbewerbsdruck*: Ihr Unternehmen ist kein Monopolist auf seinem Markt und die Konkurrenz schläft nicht und ist Ihnen streckenweise voraus. Wenn Sie sich nicht ändern, dann wird es Ihnen ähnlich ergehen wie Kodak, Palm oder Quelle.

(Unternehmerische Investitions-)**Ziele**: Hierbei handelt es sich um eine Umschreibung dessen, was sich eine Unternehmung von der Investition in eine Veränderung verspricht. Sollte das Unternehmen noch nicht wissen, dass es ein Investitionsziel verfolgen sollte, dann ist es Ihre Aufgabe, dieses zu definieren. Sie müssen also die planerische Zielsituation beschreiben, nachdem die Investition getätigt wurde. Die Ziele sind eng verbunden mit den zuvor beschriebenen Treibern. Die Treiber beeinflussen Ihre Ziele und die Ziele orientieren sich an den Treibern.
Beispiele:

- *Ein Cloud Service Provider werden*: Ihr Wettbewerb hat es Ihnen vorgemacht. Sie ziehen nach. Auf in die Cloud! Hierzu müssen Sie Ihr Geschäftsmodell in Richtung Cloud Service Provider abändern. Insbesondere, da die Kunden flexiblere IT Services und standardisierte Produkte von Ihnen fordern.
- *Verbrauchsorientierte Abrechnungsmodelle*: Getrieben durch den Kundenwunsch nach vorhersagbaren Kosten und standardisierten Produkten müssen Sie Ihre bisherige Abrechnung („der Kunde hat 10 Server, 15 Kabel, 200 GB Storage etc. geordert") hin zu einer verbrauchsorientierten Verrechnung abändern („der Kunde ordert ein Exchange System für 10.000 User mit 5 GB Mailboxgröße in Europa für 2 Jahre, das flexibel in 1000 User Schritten erweitert und reduziert werden kann").
- *Bestehende Produkte als konsumierbare Services anbieten*: Sie müssen das Rad nicht neu erfinden. Die Kunden wollen heutzutage weniger individuelle (und damit verbunden komplizierte) IT Dienstleistungen. Allerdings schätzt Sie der Kunde bzgl. Ihrer Kernprodukte.

Sie setzen sich daher zum Ziel, die bisherigen Produkte in konsumierbare Services zu wandeln.

- *Marktführer werden*: Sie wollen sowohl der Konkurrenz das Wasser abgraben als auch die Kunden, die noch im Status quo verharren, zu einer Veränderung bewegen.
- *Sicherstellen zukünftigen Wachstums*: Damit Sie zukünftig wachsen können müssen Sie dem Flexibilisierungswunsch entgegenkommen und sich dem Wettbewerb stellen.

Nutzen: Der Nutzen dient der Zielerreichung. Er wirkt sich vorteilhaft auf Ihr Unternehmen aus. Der Nutzen steht also im direkten Zusammenhang mit den Zielen.
Beispiele:

- *Kundenzufriedenheit*: Die Kunden fordern standardisierte und berechenbarere Kosten. Sie liefern sie ihnen und erreichen damit eine höhere Kundenzufriedenheit.
- *Umsatzwachstum*: Durch neue Erreichbarkeit und Abrechnungsmodelle können Sie neue Kundensegmente erschließen und unseren Umsatz steigern.
- *Wettbewerbsvorteile*: Sie sind der Konkurrenz größtenteils voraus und können in direkten Vergleichen punkten.
- *Anerkannter Innovator*: Die gängigen Ranking-Unternehmen erkennen Ihre Veränderungsleistung an und sehen Sie als innovativer Marktführer weit vor Ihrer Konkurrenz. Dies ist ein wichtiger Nutzen, um vor allem neue Kunden auf sich aufmerksam zu machen.

WARUM?

Treiber	Investitionsziele	Nutzen
Wunsch nach Standard-produkten	Ein Cloud Service Provider werden	Kunden-zufriedenheit
Vorhersagbare Kosten in der IT	Verbrauchs-orientierte Abrechnungs-modelle	Umsatz-wachstum
Kunden fordern flexiblere IT Services	Bestehende Produkte als konsumierbare Services anbieten	Wettbewerbs-vorteile
Wettbewerbs-druck	Marktführer werden	Anerkannter Innovator
	Sicherstellung zukünftigen Wachstums	

Der Zusammenhang zwischen den 3 Kategorien Treiber, Ziele und Nutzen, die die Frage nach dem WARUM thematisieren, wird durch Verbindungen dargestellt. Durch die Verbindungen der einzelnen Elemente entsteht ein Nutzen-getriebenes Abhängigkeitsdiagramm, dass im Englischen *Benefits Dependency Network* (**BDN**) genannt wird. Die Treiber beeinflussen die Ziele und umgekehrt. Die Ziele beeinflussen den Nutzen und umgekehrt.

Eine BDN wird in den seltensten Fällen stringent von links nach rechts aufgebaut. Sie ist eher das Ergebnis kreativer Gedankengänge. Ein Ergebnis von Vor- und Zurücküberlegungen. Einmal fertiggestellt kann man sie jedoch sowohl von links als auch von rechts aus lesen. In der Literatur ist oft beschrieben, dass eine BDN primär von rechts nach links aufgebaut wird. Dies hat seinen Ursprung in der Projektmanagement Methodik namens *Precedence Diagramming Method* (PDM). Da die Erklärungsrichtung in diesem Buch jedoch das WARUM in den Vordergrund stellt und damit sich primär an den Bedürfnissen des Kunden orientiert, und dessen, was ihn antreibt, entwickeln wir die BDN primär von links nach rechts.

Eine BDN ist nicht gerade die übersichtlichste Darstellungsmethodik. Insbesondere bei komplexen Zusammenhängen, kann es unübersichtlich werden. Die BDN eignet sich nicht für eine Präsentation vor dem Auditorium, da sie schlichtweg zu komplex ist, dass die Zuschauer sie innerhalb kurzer Zeit überblicken und verstehen können. Die BDN ist eher als Landkarte für die eigene Argumentation gedacht, um sich nicht im Alltag zu verirren. Sie eignet sich insbesondere für den eigenen schnellen Überblick und den argumentativen Aufbau jeglicher Dokumente und Gespräche: WARUM WAS WIE

Es empfiehlt sich auch, Ausschnitte zu fokussieren. Beispiel:

Frage: Um Kundenzufriedenheit zu erreichen, was müssen wir strategisch anstreben?
Antwort: Wir streben an, ein Cloud Service Provider zu werden und benötigen Verbrauchsorientierte Abrechnungsmodelle.
Frage: Warum wollen wir ein Cloud Service Provider werden?
Antwort: Weil der Markt Standard Produkte wünscht.

WARUM?

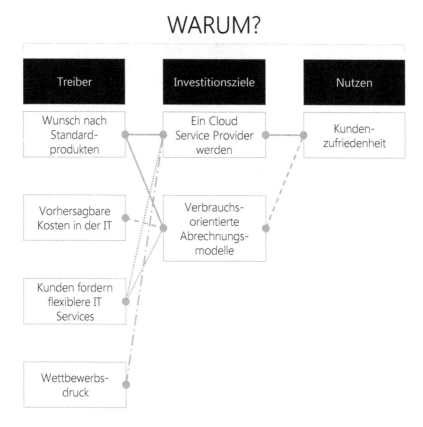

Die Elemente innerhalb des WARUM dienen alleine der Übersicht und des Verständnisses des unternehmerischen Umfeldes. Sie sind als Unterstützung für die Konversation gedacht und untermauern das Vertrauen, dass Ihnen Ihr Auditorium entgegenbringt, da Sie das Unternehmen, seine Treiber, Ziele und den damit verbundenen Nutzen verstehen und kennen. Sie sind jedoch nicht für die 15-30 minütige Vorstellung Ihres Vorhabens gedacht, da Ihr Auditorium nicht von Ihnen erwartet, den eigenen Geschäftsbericht in BDN Form vorgetragen zu bekommen. Ihr Auditorium möchte von Ihnen wissen, was es noch nicht weiß: der Eisberg. Dazu müssen Sie wissen, auf welcher Route sich das Schiff des Auditoriums befindet. Um das Interesse des Auditoriums zu wecken müssen Sie das *Alte Gehirn* ansprechen.

Sowohl für den Unternehmensexternen als auch den Unternehmensinternen ist es schwierig, die offiziellen unternehmerischen Investitionsziele sowie die Treiber aus Unternehmenssicht in Erfahrung zu bringen. Die Frage innerhalb der Technik nach den spezifischen Investitionszielen des eigenen Unternehmens wird meistens mit einem Achselzucken beantwortet. Der findige Berater jedoch nimmt sich den aktuellen Geschäftsbericht des Unternehmens zur Hand und wird nach einiger Textanalyse fündig. Ebenso muss man das Auditorium auf das aufmerksam machen, was es noch nicht weiß. Was sind die Probleme und Trends, die nicht im Geschäftsbericht stehen? Was ist das Unbekannte, vor dem es evtl. zu warnen gilt? Oder was ist das Innovative, das komplexe Dinge obsolet machen wird?

Wenn diese Arbeit einmal gemacht wurde kann das Ergebnis für sämtliche Vorhaben in diesem Unternehmen wiederverwendet werden.

Im Gegensatz hierzu muss der Nutzen vorhabenindividuell ermittelt werden. Ward/Peppard/Daniel haben in ihrer Studie in 2007 folgende Prinzipien für die Realisierung von Nutzen in der IT herausgestellt:

- Die IT liefert nicht automatisch Nutzen: Mit der Einführung einer neuen Technologie ist nicht gleichzeitig auch die Einführung von Nutzen oder Vorteilen für ein Unternehmen verbunden.

- Nutzen entsteht, wenn IT dem Menschen ermöglicht, Dinge anders zu machen: Hiermit ist vor allem die Produktivität gemeint. Sobald Menschen innerhalb eines Unternehmens oder in der Zusammenarbeit mit Kunden und Zulieferern mittels IT effektiver sein können, entsteht ein Nutzen der IT. Dies hat vor allem Einfluss auf die Prozesse.

- Nutzen aus Unternehmenssicht kann nur von Usern bzw. den Fachabteilungen realisiert werden: Auch wenn man als IT'ler dies nicht gerne hört, die IT wird von den Fachabteilungen beauftragt und bezahlt. Stellt diese Fachabteilung bzw. deren User einen sich rentierenden Mehrwert fest, so steht die vorgeschlagene Veränderung auf zwei Beinen.

- Jedes IT Vorhaben liefert ein Resultat aber nicht jedes Resultat ist ein Nutzen.

- Nutzen muss aktiv herbeigeführt werden: Ein Nutzen entsteht nicht von alleine. Nur die Einführung einer Technologie ist nicht vom Erfolg gekrönt wenn nicht auch die Prozesse und Menschen, die mit dieser Technologie in Berührung stehen in Richtung Nutzen verändert werden. Der Nutzen ist also immer das Resultat einer Veränderung von Menschen, Prozessen und Technologie.

Analyse des WARUM

Zur Analyse des WARUM gibt es eine einfache Technik aus dem Qualitätsmanagement: Die **5-Why Fragetechnik**. Wenn wir diese Technik selbst praktizieren, in dem wir uns mehrfach hintereinander die Frage nach dem WARUM stellen, erweitern wir sukzessiv den Kontext unseres Beweggrundes, so dass für das außenstehende Auditorium, das möglicherweise zum ersten Mal auf unser Anliegen stößt, unser Motivationskontext möglichst vollständig und umfangreich vorbereitet wird. Die Anzahl 5 ist hierbei lediglich empirisch fundiert. Man kann die Anzahl der Iterationen beliebig erhöhen bzw. verringern. Im Qualitätsmanagement wurde festgestellt, dass im Schnitt 5 WARUM Fragen benötigt werden, um ein Problem vollständig zu erfassen. Ein einfaches Beispiel soll zeigen, dass es kinderleicht ist:

> *Vater*: Wir müssen hier in das Geschäft noch hinein.
> *Tochter*: Warum?
> *Vater*: Ich muss noch ein Sägeblatt kaufen.
> *Tochter*: Warum?
> *Vater*: Weil unseres gerissen ist.
> *Tochter*: Warum?
> Vater: Als ich den Ast absägen wollte, ist es gerissen.
> *Tochter*: Warum?
> *Vater*: Der Ast war zu dick und das Sägeblatt scheinbar zu alt, da ist es gerissen.
> *Tochter*: Warum?
> *Vater*: Wahrscheinlich lag das Sägeblatt zu lange in der Garage herum.
> ....

Wie sie sich vorstellen können, kann diese Konversation noch endlos weitergeführt werden. Der Problemkontext "wir müssen noch ein Sägeblatt kaufen" wird durch diese Fragetechnik erweitert: "Das Sägeblatt war veraltet und riss, als wir einen dicken Ast absägen wollten". Letzteres war dem Vater natürlich bewusst, jedoch hat er diesen umfangreichen Problemkontext nicht ausgedrückt.

Guter Nutzen... schlechter Nutzen

Ein Blick in die Literatur zeigt, dass das Management von Nutzen (Benefits Management) bzw. die Realisation von Nutzen (Benefits Realisation) bereits eine lange Historie hat. Lin/Pervan[16] zitieren beispielsweise die Hauptfehlerquelle für gescheiterte Projekte im Jahre 1990 mit der fehlenden Verknüpfung von Projekten und Nutzen. Das Scheitern der Projekte wurde damit begründet, dass ohne die Vorgabe einer konkreten Richtung (also dem Nutzen) die Projekte sich verselbständigen. Ein einfaches Beispiel wäre der Wunsch nach einem mobilen Gerät, mit dem jeder auf einfachste Weise telefonieren und seine E-Mails lesen kann. Der Nutzen dieses Gerätes wäre eine erhöhte Kundenzufriedenheit und das Umsatzwachstum, in dem man jeden Endkunden anspricht und nicht nur die technisch versierten Tüftler, die das Problem der Bedienbarkeit als positive Herausforderung ansehen. Bei der Verfehlung des Nutzens käme zwar ein mobiles Endgerät heraus, mit dem man telefonieren und E-Mails lesen kann. Allerdings wäre das Endgerät schwer, hätte einen Eingabestift und eine Tastatur – und bevor man es nutzen kann, muss man sich durch mehrere Installationsschritte durchkämpfen und es an den PC anschließen.

Lin/Pervan[17] listen zudem folgende Gründe auf, die eine Organisation daran hindern, den erwarteten Nutzen zu realisieren:

1. Unternehmen erwarten von Investitionen direkte Resultate
2. Die notwendige Unterstützungsleistung der Realisation wird nicht verbalisiert
3. Der falsche Nutzen entsteht
4. Der erwartete Nutzen ist nicht klar definiert
5. Organisationen tun sich mit Veränderungen schwer

Doch was genau ist der richtige, und was der falsche Nutzen? Ward et. al. unterscheiden zwischen nicht-messbarem und greifbarem Nutzen.[18] Während der greifbare Nutzen quantitativ („eine Million mehr Kunden") oder finanziell („30% reduzierte Kosten") messbar ist, kann der nicht-messbare Nutzen nur geschätzt bzw. „gefühlt" werden („die Informationen sind übersichtlicher angeordnet und erlauben nun einen direkten Überblick auf die Situation im Rechenzentrum"). Der messbare Nutzen muss nicht zwingend finanziell bewertet werden können. So gibt es beispielsweise nicht-finanziellen Nutzen, der sich direkt auf finanziell messbares auswirkt: 2 Millionen Euro mehr Gewinn können Sie messen. Der reduzierte Overhead im Backend, der zu der Gewinnerhöhung führt, ist zwar anhand der Prozessschritte messbar, jedoch finanziell schwer auszudrücken.

---

[16] Lin/Pervan 2001

[17] Lin/Pervan 2003

Grafiken werden vom Gehirn **60.000x** schneller verarbeitet als Text. Nutzen Sie mehr (aber einfache) Bilder!

4.2.2 Die „Power Message" & die Adressierung des Alten Gehirns

Die *Power Message*, wie Sie beispielsweise von Corporate Visions definiert wird, ist eine einfach formulierte Botschaft, die die Aufmerksamkeit Ihres Auditoriums erregt. Sie ist kurz, prägnant und quasi wach rüttelnd.

Die bisher erstellte BDN liefert Ihnen den Überblick über die Lage. Sie hilft Ihnen beim Verständnis des Gesamtkontextes. Die Überlegungen der vorherigen Abschnitte haben eine BDN geliefert, die die Treiber, die Investitionsziele sowie den Nutzen aufzeigen und in Relation setzen. **Diese BDN legen Sie bitte nicht dem Auditorium in Ihrem ersten Zusammentreffen auf den Tisch.**

Nutzen Sie die BDN eher, um den Erstkontakt vorzubereiten. Beginnen Sie die Konversation beispielsweise nicht mit „Ihre Kunden hegen den *Wunsch nach Standardprodukten*. Daher sollten Sie *ein Cloud Service Provider werden* und *verbrauchsorientierte Abrechnungsmodelle* einführen. Beides führt zu *Kundenzufriedenheit*." Dies ist logisch rational und spricht auf Grund seiner Komplexität das *Neue Gehirn* an.

Zu Beginn dieses Buches haben Sie gelernt, dass Ihr Auditorium menschlich ist und 3 Gehirne hat, die untereinander Informationen austauschen. Wenn Sie sich nun vor Ihr Auditorium stellen, haben Sie 10 Minuten, bis Ihr Auditorium nicht mehr 100% zuhört. Dann beginnt der Hängematteneffekt.[19] Um Ihr Auditorium von Ihrer Mission zu überzeugen, benötigen Sie vor allem dessen Aufmerksamkeit, und hierzu müssen Sie das *Alte Gehirn* erreichen. Es muss sprichwörtlich wie eine Bombe einschlagen. Sie haben gelernt, dass das *Alte Gehirn* primitiv ist und den Instinkt befeuert. Visuelle und auditive Informationen werden stark gefiltert nach Gefahr, Nahrung, Sex, Veränderung, Kontrasten, Bekanntem und Emotionen. An das Neuromarketing angelehnt empfahlen Peterson und Riesterer folgende 7 Punkte zu beachten:[20]

1. Seien Sie visuell
2. Erzeugen Sie Kontraste
3. Seien Sie präzise am Anfang und am Ende
4. Nutzen Sie Emotionen
5. Halten Sie es einfach
6. Seien Sie konkret
7. Werden Sie persönlich

Wer eine langjährige Beziehung zu Kollegen oder dem Kunden pflegt, der scheut oft davor zurück, die weniger schönen Dinge anzusprechen. Man ist auf Harmonie aus, denn Harmonie beflügelt den Status quo auf allen Seiten. In früheren Jahrhunderten wurden die Überbringer schlechter Nachrichten enthauptet.

Um Ihr Vorhaben umzusetzen, bedarf es jedoch einer Veränderung. Daher müssen Sie zu Beginn die Komfortzone beiderseits durchbrechen. Veränderungen werden durch das *Alte Gehirn* angeregt, das jedoch nur primitiv über z. B. Gefahr, Sex und Nahrung erreicht werden kann. Daher müssen Sie die spezifischen Problemzonen direkt beim Namen nennen und prominent an erster Stelle positionieren. Sie müssen Ihrem Auditorium die Gründe, WARUM eine Veränderung nötig ist, aufzeigen und es bei der Umsetzung führen.

Im Kontext des zuvor betrachteten Unternehmens, das Sie zu einer Veränderung bewegen wollen, könnten Sie beispielsweise wie folgt beginnen: „**Wie wäre es, wenn Sie 29% jährlich wachsen würden?**"

Zur Analyse des WARUM gehört neben dem Verständnis Ihrerseits für das Unternehmen und dessen Zustand und Strategie auch das Wissen bzgl. des Marktumfelds. Das Marktumfeld sowie das von Ihnen betrachtete Unternehmen liefern Zahlen, die die Aufmerksamkeit des Auditoriums auf Ihr Vorhaben lenken:

---

[19] vgl. Peterson, Erik / Riesterer, Tim, *Conversations That Win The Complex Sale*, 2011, S. 98

[20] in Anlehnung an Peterson, Erik / Riesterer, Tim, *Conversations That Win The Complex Sale*, 2011, S. 93ff

- Der gesamte IT Markt wird im Jahr 2015 nur maximal **5%** wachsen.
- **39%** der Unternehmen in Deutschland sind sog. *Cloud Friendly* und haben bereits einen Cloud basierten Dienst in Betrieb oder erwägen dies zu tun.
- **40%** von 180 Mrd. USD Marktvolumen der gesamten IT entfallen allein auf die Cloud Service Provider.
- Ein konkurrierendes Unternehmen bietet beispielsweise für **8 USD** pro Stunde einen kompletten SQL Server an – aus Frankfurt, direkt neben dem Rechenzentrum Ihres Auditoriums.

Mit diesen Daten lässt sich bspw. der Wunsch der Kunden nach Standardprodukten verargumentieren. Wenn Ihr Auditorium auch ein Cloud Service Provider wäre, dann könnten Sie von den 40% Marktvolumen profitieren. Ein Verbleib im klassischen IT Geschäft verspricht nur 5% Wachstum. Und die Konkurrenz ist da. In Sichtweite zum Rechenzentrum Ihres Auditoriums steht das der Konkurrenz, die bereits den Wandel zu einem Cloud Service Provider vollzogen hat und verbrauchsorientierte Abrechnungsmodelle anbietet, die preislich weit unter ihrem Angebot liegen.

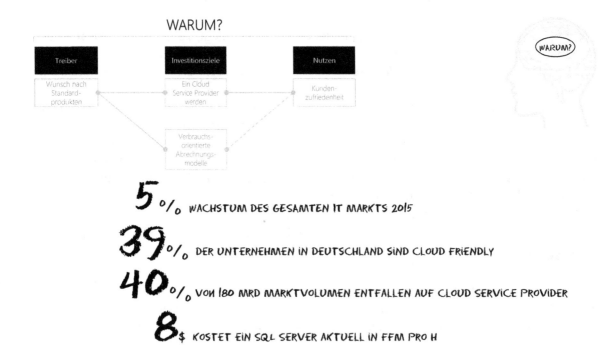

Bei Ihrer Analyse der BDN und des Marktumfeldes stellen Sie ferner fest, dass es bei der Konkurrenz nicht nur 8 USD pro Stunde kostet. Sie stellen zudem fest, dass dieser Server nach max. 5 Minuten produktionsfertig zur Verfügung steht. Wenn das Unternehmen Ihres Auditoriums laut Geschäftsbericht sicherstellen möchte, dass zukünftiges Wachstum existiert, dann sollten die 29% prognostiziertem und realem Wachstum für Cloud Service Provider ein Argument sein. Die Tatsache, dass 39% der Unternehmen in Deutschland Cloud friendly ist, zeigt, dass der Markt groß ist und dass auf der anderen Seite Gefahr droht, dass das Brot und Butter Geschäft Ihres Auditoriums sukzessiv schrumpfen wird.

Bereiten Sie sich darauf vor, dass Sie Ihr Auditorium fragen wird, was der entscheidende Unterschied zwischen Ihnen und der Konkurrenz sein wird. Die absolute Vergleichbarkeit wird in Spec Wars ausgetragen. Wenn Ihr Vorhaben zu 8,5 USD Kosten pro Stunde führt, wird der Kunde Ihres Auditoriums später den angebotenen Preis mit dem des vergleichbaren Konkurrenten auf die Waagschale legen: 8 USD <> 8,5 USD.

Einen Ansatzpunkt für den Unterschied gegenüber der Konkurrenz könnte die Furcht der Entscheider vor Datensicherheit und Datenverlust liefern. Ganze 90% der potentiellen Cloud Kunden geben laut einer Studie an, sich um diese beiden Punkte zu sorgen. Nun ist gerade das Unternehmen Ihres Auditoriums ein Garant für beide Faktoren – nur leider unflexibel und teuer. Solange der Status quo nicht in Gefahr war ging dies gut. Daher könnte die Modifikation bestehender Produkte hin zu konsumierbaren Services Wettbewerbsvorteile bieten, sofern Datensicherheit garantiert ist.

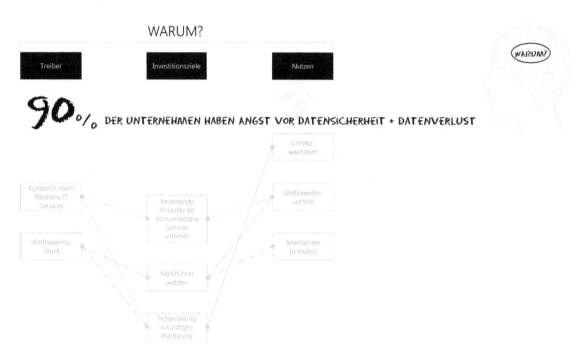

Es reicht vollkommen aus, wenn Sie für den Erstkontakt mit Ihrem Auditorium diese Zahlen an das Flipchart werfen. Dazu zeigen Sie das Bild des Rechenzentrums des konkurrierenden Unternehmens auf Google Maps. Zeigen Sie dem Auditorium schwarz auf weiß den Kontrast auf, z. B. dass ein SQL Server bei Ihnen nach 3 Monaten individueller Verhandlungen für mindestens 3 Jahre zum Preis von 550.000 EUR incl. Hardware bestellt werden kann. Die Konkurrenz schafft es für 8 USD pro Stunde und mit 3 Klicks auf einer Webseite, die den bestellten Server innerhalb von 5 Minuten als produktionsfertig meldet. Und für den Fall, dass jemand aus dem Auditorium behauptet, dass deren Kunden nie in die Cloud gehen würden, zeigen Sie Ihnen 1-2 „Stammkunden", die bereits mit der Cloud unterwegs sind – wenn auch nur im Kleinen.

4.2.3 Die Überleitung vom WARUM zum WAS

Das WARUM bildete den Einstiegspunkt in die Diskussion um die Mehrwerte, die unternehmerischen Investitionsziele sowie die Treiber aus Unternehmenssicht. Ihr Ziel ist es, ein Vorhaben bzw. eine Veränderung innerhalb eines Unternehmens erfolgreich durchsetzen zu können. Hierzu müssen Sie den Entscheidern verdeutlichen, warum sie Sie hierbei unterstützen sollen – warum sie dieses Projekt finanzieren sollen.

Sie haben gelernt, dass die Entscheidungen in der Regel von Menschen getroffen werden, die weitab von tieftechnischen Dingen sind. Diese Entscheider bewegen sich auf einer strategischen Ebene. Auf technischer Ebene werden lediglich *Spec Wars* praktiziert – ähnlich dem Autoquartett, das Sie evtl. in Ihrer Kindheit gespielt haben. Sie haben zwar Ferrari und Porsche verglichen – doch gekauft haben Sie sich keinen.

Auf der strategischen Ebene sind viele Entscheidungen zu treffen. Die Zeit, die Sie also zur Verfügung haben, um die Entscheider für Ihr Vorhaben zu gewinnen, ist also begrenzt. Und wahrscheinlich haben Sie nur diese eine Chance.

Auf der Suche nach dem bestmöglichen Motivationspunkt, der einen Entscheider dazu bewegen könnte, Ihr Vorhaben zu unterstützen, ist es, Ihr WARUM mit seinen strategischen Elementen zu verknüpfen: den unternehmerischen Investitionszielen sowie den Treibern aus Unternehmenssicht. Sie erklären also dem Entscheider, welche Mehrwerte Ihr Vorhaben hat und wie genau diese Mehrwerte auf die unternehmerischen Investitionsziele einzahlen bzw. welche Gefahr droht, wenn Ihr Vorhaben nicht umgesetzt wird.

Aber WAS genau haben Sie vor?

WAS genau möchten Sie verändern oder erneuern?

Und wie hängt das, WAS Sie verändern bzw. erneuern wollen mit dem WARUM zusammen?

Dies gilt es im nächsten Schritt zu klären.

WAS?

Prozesse,
Tools,
Personen

4.2.4 WAS: Prozesse, Tools & Personen

Sie haben etwas vor. Sie wollen etwas verändern. Sie wissen, warum Sie etwas verändern wollen. Sie kennen die Treiber, die Ziele und der Nutzen Ihrer Veränderung.

4.2.4.1 Die Wechselwirkungen zwischen Prozessen, Tools & Personen

Wenn Sie in Organisationen etwas verändern wollen, dann müssen Sie immer folgende drei Elemente betrachten, die untereinander in Wechselwirkung stehen:

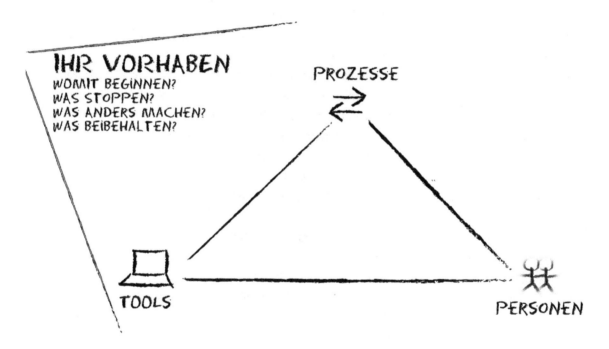

Personen: Wenn Sie etwas verändern wollen oder müssen, z. B. die Neuausrichtung einer Firma, die Zurverfügungstellung von ad-hoc IT Ressourcen für den Vertrieb oder die Integration des eigenen Produktes bzw. der Dienstleistung in die IT Landschaft des Kunden, dann müssen sich Menschen verändern:

- Menschen müssen Dinge anders machen als vorher. Sie müssen in der Regel neue Fähigkeiten erwerben (z. B. die Einführung eines neuen Collaboration Tools). Oder sie müssen Bekanntes aufgeben (z. B. bei Problemen mit Applikation X einfach den Kollegen in Flur Y fragen).

- Viele Menschen haben Angst vor Machtverlust. Wenn beispielsweise der Desktop-Bereich eines Unternehmens das U-Boot Microsoft Lync startet, dass neben Chat-Funktionen auch komplette Telefonfunktionen bietet und damit das Telefon des Mitarbeiters auf dem Schreibtisch ablösen könnte, dann wird der Bereich incl. des Leiters, der sich ausschließlich um Telefonanlagen kümmert, Angst vor Machtverlust haben. Und hier wird er entsprechend gegenwirken!

Tools: Das Arbeits- und Privatleben wird immer digitaler. Insbesondere im Arbeitsleben versuchen wir Dinge zu automatisieren und durch digitale Errungenschaften zu vereinfachen. Betrachtet man die Entwicklungen der letzten 8 Jahre, so brachte jedes Jahr neue Tools hervor (My Space, iPhone, iPad, Twitter, Facebook, WhatsApp, Big Data, Cloud, Mobile Enterprise, Social Enterprise etc.):

- Soft- und Hardwaretools sind heutzutage zwangsläufig mit Veränderungen verbunden.
- Ein Tool alleine hilft meistens nie. Es bedarf prozessualer und personeller Veränderungen, die den Nutzen des Tools unterstreichen.
- Personelle Veränderungen sind die Folge. Neue Tools erfordern neue Fähigkeiten (z. B. Bedienung) seitens der betroffenen Personen. Neue Tools vereinfachen Prozesse und reduzieren die Anzahl der notwendigen Mitarbeiter („Wenn wir SharePoint und Exchange jetzt aus der Cloud geliefert bekommen, was machen wir denn mit unserem Microsoft Administrator bzw. unserem Storage und Hardware Spezialisten? Früher konnten die ja bei dem Servicelieferanten weiterbeschäftigt werden...").
- Genau diese Veränderungen machen den Personen zu schaffen, die sie betreffen.[21]

Prozesse: Ohne Prozesse geht heute nichts mehr. Neue Tools bringen personelle und prozessuale Veränderungen mit sich. Beispiele:

- Führen Sie einen Cloud Service ein, so müssen Sie anders mit dem Serviceerbringer interagieren als mit der eigenen IT oder dem klassischen Outsourcer. Ich muss auch intern anders agieren, da die interne „Wünsch dir was – dann besorg' ich's Dir" Philosophie der hausinternen IT nicht mehr funktioniert.[22]
- Transformieren Sie eine Firma in eine sog. *Cloud Company* so müssen Sie interne Prozesse wie Rechnungsstellung, Standardisierung, Vertrieb etc. anpassen.

---

[21] Ich erinnere mich noch stark an eine Situation, bei der mich ein Mitarbeiter bzgl. einer angestrebten Veränderung, die Tools, Prozesse und Personen betraf, darauf aufmerksam machte, dass die Komplexität ja gerade der Grund sei, weshalb er auf genau diesem, seinem Posten sitzt. Warum also etwas verändern?

[22] Im Bereich von Cloud Services haben wir es mit superstandardisierten IT Services zu tun, die nicht mehr so flexibel und anpassbar sind, wie dies früher klassische, nach individuellen Wünschen und Vorstellungen zusammengestellte IT Services sind.

4.2.4.2 Beispiele organisatorischer Veränderungen

Organisatorische Veränderungen variieren von Unternehmen zu Unternehmen. Ward et al. nennen folgende Beispiele:

- Geschäftsprozesse
- Geschäftsmodelle
- Art & Weise, wie bestimmte Dienstleistungen erbracht werden bzw. im Kundenkontakt stehen
- Rollen und Aufgabengebiete für Abteilungen, Gruppen & Individuen
- Organisatorische Strukturen
- Performance Messungen

4.2.4.3 Veränderungen identifizieren

Es gibt unterschiedliche Mechanismen, um notwendige Veränderungen identifizieren zu können. Interviewt man betroffene Personen, so sprechen diese meist die negativen Dinge an. Dinge, die nicht rund laufen. Dinge, die man verändern müsste. Allerdings ist nicht alles schlecht.

Die Veränderungen zu identifizieren ist keine Arbeit in Personalunion. Es ist immer ein iterativer Dialog mit den betroffenen Personen bzw. dem Auditorium notwendig. Wenn Sie Dinge verändern wollen, interviewen Sie beispielsweise hierarchisch von oben nach unten die einzelnen Personen und befragen Sie sie. Hierbei kann eine einfache Technik helfen, die im Folgenden vorgestellt wird: Die im Englischen als *Start, Stop, Continue* bekannte Methodik dient der aktiven Kommunikation in Organisationen. Man thematisiert diejenigen Bereiche, die verbessert werden müssen, diejenigen, die gut laufen und diejenigen, die neue Möglichkeiten bieten.

Notieren Sie sich je Gespräch (mit einer Einzelperson oder einer Gruppe) die Antworten und ordnen Sie diese dann (evtl. im Nachgang) einem Bereich der nachfolgenden Matrix zu.

Diese Matrix dient lediglich als eine Art Strukturierungshilfe. Die gesammelten Informationen müssen dann in einem nächsten Schritt in konkrete Initiativen überführt werden, die die Organisation, ihre Prozesse und die auszubildenden Fähigkeiten erfassen.

Stellen Sie sich nun folgende Situation vor: Sie leiten einen Workshop innerhalb Ihres Unternehmens, das sich zum Ziel gesetzt hat, das traditionelle IT Geschäft in ein modernes Cloud Geschäftsmodell zu wandeln. Warum das Unternehmen dies möchte, wissen Sie bereits. Sie haben dem Auditorium im Workshop die Treiber, Ziele und den Nutzen dieser Entscheidung aufgezeigt. Auf die Frage, was getan werden muss, um diese Strategie umzusetzen, erwähnen einige Personen, dass der Cloud-Gedanke ein dem Stromkonsum ähnliches Pay-Per-Use Verrechnungsmodell benötigt und dieses Modell entsprechend entwickelt werden muss. Ferner müssen die Mitarbeiter, die vorher noch individuelle Lösungen verkauft haben, speziell auf den Verkauf von Standardprodukten geschult werden. Um zu verhindern, dass weiterhin individuelle und evtl. unrentable Geschäfte abgeschlossen werden, muss der individuelle Lösungsvertrieb eingestellt werden. Ein anderer Teilnehmer erwähnt, dass die jetzige Abteilungs- und Organisationsstruktur nicht geeignet ist, um Cloud-Produkte zu verkaufen. Wieder ein anderer erwähnt, dass man aufhören soll, die individuell für den Kunden geschaffenen IT Landschaften zu entwickeln - wohingegen die bestehende Plattform „XYZ" noch weiter zu einer standardisierten Cloud-Plattform ausgebaut werden muss.

	STARTE MIT...	HÖR AUF MIT...	MACH WEITER MIT...
PERSONEN	Spezielle Strategie-Trainings für Mitarbeiter	Individueller Vertrieb	
PROZESSE	Neue Abrechnungsmodelle nach dem Pay-per-Use Prinzip	Jetzige Abteilungs- und Organisationsstrukturen	
TOOLS		Individuelle IT Landschaften	Ausbau der Plattform „XYZ" zu einer Cloud Plattform

Ward/Daniel gehen bei der Erstellung dieser Matrix einen anderen Weg indem sie die vertikalen Klassen Personen, Prozesse & Tools durch die folgenden vier Kriterien ersetzen:

- **Ökonomisch**: Die Veränderung kann mit Kosten oder einem Preis verbunden werden, so dass ein quantifizierbarer ökonomischer Nutzen berechnet werden kann („Kosten je User werden reduziert" oder „Keine Kosten mehr für unnötige Anschreiben").
- **Quantifizierbar**: Es gibt genügend Beweise für eine Vorhersage, welcher Nutzen durch die Veränderungen entsteht („100% aller notwendigen Felder wurden ausgefüllt" oder „Storage Volumina werden um 10% reduziert")
- **Messbar**: Die Leistung ist messbar aber aktuell weiß niemand, wie die Leistung sich zum Projektende hin verändert („Der Kunde ist zufriedener" oder „Die Anzahl der Fehler je Eingabe wird reduziert").
- **Beobachtbar**: Mit Hilfe von vereinbarten Kriterien werden Personen auf Basis ihres Eindrucks bzw. ihrer Erfahrung entscheiden, ob und wie der Nutzen realisiert wurde („weniger Warteschlangen vor den Kundenterminals" oder „Eine geringere Geräuschkulisse in den Büros"). Diese Form des Nutzens erfordert eine klare Beschreibung des erwarteten Zielzustandes, da es sich hierbei primär um die sog. *weichen Kriterien* handelt („es ist intuitiver als vorher"). Es empfiehlt sich daher, die Veränderungen durch kontinuierliche Befragungen zu beobachten. Jedoch ist diese Form von Nutzen nur schwer in einem Business Case zu bewerten.

Sie wissen WARUM unser Beispielunternehmen sich verändern möchte und muss. Sie haben analysiert, welche Dinge in Bezug auf die Kategorien Personen, Prozesse und Tools verändert oder auch beibehalten werden sollten. Nun können Sie diese Dinge zu konkreten Veränderungen gruppieren. Die Zielfrage lautet: Was müssen Sie organisatorisch verändern? Prozesse, Personen und Tools sind Teil dieser Organisation und sind daher von den Veränderungen betroffen.

4.2.4.4   Das WAS erfassen

Im Nachgang zu dem vorhin beschriebenen Workshop (oder gegen dessen Ende) schauen Sie sich die identifizierten allgemeinen Veränderungen an und gruppieren Sie zu organisatorischen Veränderungen. Sie müssen sich fragen: „Mit welchen Prozessen, Organisationsbereichen oder auch Tools hat das alles, was mir gesagt wurde und ich mir notiert habe, zu tun?"
Betrachten Sie nun wieder das Beispielunternehmen sowie das Resultat unseres Workshops, dann können Sie jetzt folgende Gruppierungen vornehmen:

Workshop Aussage		Resultierende Veränderung der Organisation
Spezielle Strategietrainings für Mitarbeiter	→	Kultureller Wandel in der Organisation, Reorganisation von Vertrieb und Produktion
Neue Abrechnungsmodelle nach dem Pay-per-Use Prinzip	→	Unternehmensweite Standardisierung, Neue Abrechnungsmodelle und –richtlinien, Kultureller Wandel in der Organisation, Reorganisation von Vertrieb und Produktion
Individuelle IT-Landschaften	→	Unternehmensweite Standardisierung, Kultureller Wandel in der Organisation
Jetzige Abteilungs- und Organisationsstrukturen	→	Reorganisation von Vertrieb und Produktion

4.2.4.5 Das WAS mit dem WARUM verknüpfen: Der Zusammenhang zwischen Treibern, Zielen & Nutzen sowie Prozessen, Tools & Personen

Stellen Sie sich folgende Situation vor: Jemand (z. B. ein Kunde oder ein Kollege) bekommt mit oder sieht in einer Präsentation, dass Sie einen kulturellen Wandel in der Organisation planen. Das erste, was er sich fragen ist: *WARUM?*

Wenn dieser jemand nun nicht weiß, warum Sie dies planen, dann wird er sich seine eigenen Gedanken machen. In den seltensten Fällen endet dies mit einer Unterstützung Ihres Vorhabens. Denn die Unterstützung beginnt im Kopf. Ohne den Zusammenhang zu kennen könnte man annehmen, dass Sie den kulturellen Wandel ohne motivierenden Grund starten wollen.

Die nächste essentielle Aufgabe besteht also darin, das WAS mit dem WARUM zu verknüpfen. Wir haben im letzten Abschnitt die resultierenden Veränderungen der Organisation herausgearbeitet. Nun müssen wir mittels einer Verknüpfung verdeutlichen, warum Sie eine Veränderung planen. Hierbei gilt, dass jede Veränderung der Organisation mit mindestens einem WARUM verknüpft wird. Wenn keine Verknüpfung mit dem WARUM möglich ist, dann stellt sich die Frage nach der Sinnhaftigkeit der vorgeschlagenen Veränderung.

Sie werden feststellen, dass einige Veränderungen sich möglicherweise überlappen. In diesem Fall sollten Sie eine Gruppierung der Veränderung vornehmen und einen Oberbegriff bilden. Ihr Ziel muss es sein, diese Übersicht möglichst schlank und einfach zu halten. Zu viele Elemente führen zu einer Unübersichtlichkeit. Sehen Sie die geschaffene Übersicht immer als Navigationshilfe und referenzieren Sie Details später auf diese, Ihre Karte.

In Bezug auf unser Beispiel von vorhin können Sie die letzte Spalte des WARUM (also den Nutzen) mit dem WAS in Verbindung setzen. Um die Verbindungen herzustellen schauen Sie sich den Nutzen sowie die organisatorischen Veränderungen an. Sie müssen versuchen primär von rechts nach links die Veränderungen mit dem Nutzen zu verbinden. Danach überprüfen Sie von links nach rechts, ob der Nutzen wirklich etwas mit der Veränderung zu tun hat.

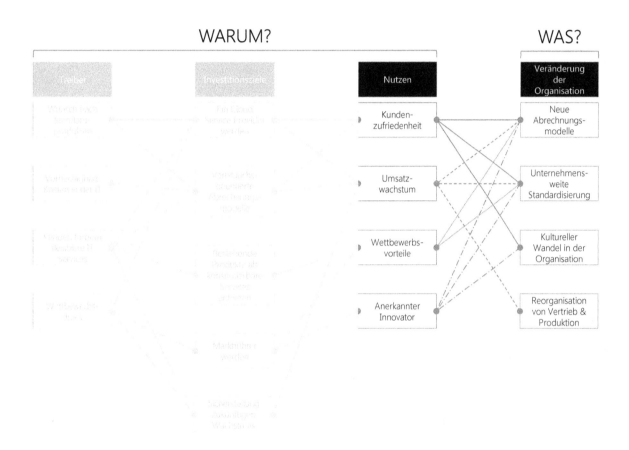

In dem Beispiel stehen die neuen Abrechnungsmodelle und –richtlinien beispielsweise in direktem Zusammenhang mit der Kundenzufriedenheit, dem Umsatzwachstum, den Wettbewerbsvorteilen und der Tatsache, dass das Unternehmen als Anerkannter Innovator betrachtet wird:

Nutzen	Einflussrichtung	Neue Abrechnungsmodelle und –richtlinien
Kundenzufriedenheit	←	Der Kunde wünscht sich neue Abrechnungsmodelle. Modelle, die einfacher sind als bisher. Somit wirken sich diese Veränderungen direkt auf die Kundenzufriedenheit aus. Sie geben dem Kunden quasi, was er verlangt.
Umsatzwachstum	→	Ihr Unternehmen möchte wachsen. Viele Kunden meiden Ihr Unternehmen, weil die aktuellen Abrechnungsmodelle langfristig und kompliziert sind. Kunden, die sich für unkomplizierte ad-hoc Services für kurze Zeiträume interessieren, meiden Ihr Unternehmen.
Wettberwerbsvorteile	←	Da viele Konkurrenten noch in der starren und komplizierten Welt verharren, in der Sie sich aktuell auch befinden, würde ein Wandel hin zu neuen Abrechnungsmodellen Ihnen massive Wettbewerbsvorteile einräumen.
Anerkannter Innovator	→	Innovationskraft bedeutet nicht nur technische Neuerungen auf den Markt zu bringen. Es bedeutet auch neue Prozesse und auch neue, einfachere Verrechnungsmodelle zu entwickeln.

Ein kultureller Wandel in der Organisation hingegen steht lediglich mit der Innovationskraft und der Kundenzufriedenheit in direkter Verbindung:

Nutzen	Einflussrichtung	Kultureller Wandel in der Organisation
Kundenzufriedenheit	→	Der Kunde beklagt oft, dass Ihr Unternehmen zu lange benötigt, um die komplizierten Services zu erläutern und zu bepreisen. „Einfach geht nicht" ist das Motto vieler Ihrer Kollegen. Daher fordert die Kundenzufriedenheit von Ihrem Unternehmen eine Veränderung, die in den Köpfen und im Umgang miteinander eine Rolle spielt.
Anerkannter Innovator	←	Schaffen Sie es, Ihre Köpfe und Ihr Handeln zu ändern, dann nimmt man Ihnen ab, ein innovativer Dienstleister zu sein.

WIE?

Maßnahmen,
Technologien

[Ein Bauer möchte mit einem Kohlkopf, einer Ziege und einem Wolf einen breiten Fluss überqueren.
Sein Boot ist jedoch so klein, dass er entweder die Ziege, den Wolf oder den Kohlkopf mit einer Überfahrt transportieren kann.
Der Bauer denkt nach und fragt sich: „WIE bekomme ich sie alle als andere Ufer? Wenn ich den Wolf transportiere, frisst die Ziege den Kohlkopf. Wenn ich den Kohlkopf transportiere, frisst der Wolf die Ziege…"]

4.2.5 WIE: Technologien & Maßnahmen

Ein japanisches Sprichwort besagt, dass eine Vision ohne Handeln ein Tagtraum ist während das Handeln ohne Vision ein Albtraum ist.

Die Vision ist das, was Sie im Rahmen des WAS ergründet und im Rahmen des WARUM begründet haben. Nun folgt die Handlung. Handlung ist nichts weiter als das, was zu tun ist: ein Projekt oder ein Programm – also eine Gruppierung von Einzelprojekten. Irgendwann finden sich jedoch alle Veränderungen, die Sie heute bereits in Ihrem Umfeld wahrnehmen, in irgendeinem Projekt. Irgendjemand leitet dieses Projekt, kommuniziert Meilensteine, Fortschritte, Einzelerfolge oder auch – wenn auch selten – Misserfolge. Die, die im Projekt sind, wissen – sofern sie von Anfang an dabei waren – WARUM dieses Projekt überhaupt ins Leben gerufen wurde. Das Umfeld hat jedoch nur geringe Berührungspunkte mit dieser Materie und kann den Zusammenhang des WIE über das WAS zum WARUM nicht herstellen. Darum ist es wichtig, nicht nur zu Beginn sondern auch während der gesamten Mission die Beweggründe und die Missionsbeschreibung zu kommunizieren und aktiv zu vermarkten.

WARUM wollen Sie etwas verändern? Weil Sie ... damit Sie ... - also die Ziele, die Treiber und der Nutzen.

WAS wollen Sie verändern? Sie müssen mit ... aufhören und mit ... beginnen – also die Prozesse, Tools und mit den Prozessen und Tools verbundenen Personen.

WIE wollen Sie nun verändern? Sie müssen folgende Handlungsmaßnahmen treffen ... und folgende Technologien einführen ...

Spätestens an dieser Stelle wissen Sie, warum Sie etwas verändern müssen, was Sie verändern müssen und wie Sie es verändern. Es muss immer ein direkter Zusammenhang zwischen diesen drei Obergruppen bestehen: Es muss für alle Eingeweihten und Außenstehenden Ihres Vorhabens nachvollziehbar sein, mit welchen Prozessen, Tools und Personen eine Handlungsmaßnahme bzw. Technologie verbunden ist, und welche Ziele, Treiber und welcher Nutzen hiermit verknüpft sind.

Wie oft kommt es vor, dass Sie einer Person begegnen, die eine Veränderung durchführt z. B. ein neues Tool baut, im SAP einen Prozess verändert, ein Bereich reorganisiert wird oder eine Technologieplattform eingeführt wird? Und wie oft fragen Sie sich, was diese Person eigentlich dazu bewegt? Und wie oft fragen Sie sich dann, welchen Sinn das Ganze eigentlich hat? Und nun stellen Sie sich vor, Sie sind genau diese Person, die irgendeine der zuvor genannten Veränderungen einführt!

Im Rahmen des WIE werden Sie keine konkreten Projektpläne mit allen wichtigen und weniger wichtigen Aktivitäten, erstellen. Oberstes Ziel ist es, die Übersichtlichkeit zu bewahren und den Missionszusammenhang (Wie-Was-Warum bzw. Warum-Was-Wie) transparent zu machen. Daher müssen Sie stark filtern und vereinfachen – allen und vor allem Ihnen jedoch immer die Orientierung ermöglichen. Also quasi, das Wo-bin-ich des *Wie?*.

Wenn Sie bei Google Maps beispielsweise nach der günstigsten Route von Hamburg nach München suchen, dann sehen Sie zu Beginn immer die High-Level Ansicht – quasi Deutschland von oben. Die größeren Städte, die links und rechts der Route liegen, werden gelegentlich noch angezeigt. Die kleinen Dörfer aber nicht mehr. Erst wenn Sie hineinzoomen sehen Sie mehr Details. So sollte es auch mit Ihrer BDN sein: je weniger Details, desto übersichtlicher ist es und desto eher verstehen andere die Zusammenhänge.

Insbesondere in größeren Unternehmen mit vielen Hierarchiestufen ist es wichtig, genau diesen Überblick und genau diese Orientierung aktiv zu kommunizieren. Mailverteiler mit vielen CCs vermehren sich schneller als Kaninchen.

4.2.5.1 Technologien

Technologien werden von Technologieunternehmen verkauft und von der Technik bzw. IT-Abteilung eines Unternehmens eingesetzt. Technologien sind komplex und kompliziert. Sie lösen bestehende Probleme und schaffen neue Probleme an anderer Stelle. Menschen, die seit Jahren im Technologieumfeld tätig sind – als Projektleiter, Administratoren, Berater, Vertriebler, Fachleiter etc. – unterhalten sich mindestens 8 Stunden am Tag beruflich über Technologie. Technologie wird überwiegend im *Neuen Gehirn* verarbeitet. Im Freundes- und Bekanntenkreis wird dies meist fortgesetzt. Man redet „unter sich". Komplexe und komplizierte Dinge scheinen nicht mehr so kompliziert und komplex.

Nicht selten kommt es vor, dass der Vertrieb eines IT Produktes (z. B. einer neuen Softwareversion) vor dem Kunden auftritt und die Features des neuen Produktes oder der neuen Produktversion folienweise vorstellt. In diesem Fall gibt es u. a. folgende Szenarien:

- Das Auditorium auf Kundenseite ist primär technisch orientiert und setzt vielleicht die Vorgängerversion des Produktes desselben Herstellers ein. Man ist grundsätzlich positiv eingestellt, da man nichts verändern muss. In diesem Fall ist ein Detailwissen auf Seiten des Auditoriums vorhanden und man diskutiert die Features bis zum letzten Bit hoch und runter. Die Entscheidung zum Einsatz des Produktes ist im Fall einer neuen Version so gut wie sicher. Eventuell wird eine Version übersprungen, wenn der Hersteller nicht dem Ende des Supports droht. Der Schuster bleibt bei seinen Leisten. (Sie sagen: „Sie kennen ja unsere Version 5.2 und wissen ... Nun haben wir in 6.0 neue herausragende Features ...")

- Das Auditorium auf Kundenseite ist primär technisch orientiert und setzt die Vorgängerversion des Produktes eines anderen Herstellers ein. Man ist grundsätzlich negativ eingestellt, da man vieles verändern muss. Die neue Technologie ist unbekannt und birgt Risiken. Man bittet nach dem Meeting das Vertriebsteam des aktuell eingesetzten Produktes um aktive Unterstützung bei der argumentativen Abwehr ungewollter Veränderungen. (Sie sagen: „Viele Kunden haben ja bereits erfolgreich zu unserem Produkt gewechselt weil das Produkt ... folgende gravierende Nachteile hat ...")

- Das Auditorium auf Kundenseite ist in leitender Funktion. Es versteht keinen Ton und fragt sich und Sie, was den Einsatz des vorgestellten Produktes letztendlich rechtfertigt. (Sie sagen: „Wir zählen 152 Top 500 Unternehmen zu unseren Kunden und haben mit der Version 6.0 nun einen weiteren Meilenstein geschaffen ...")

Es ist also nur natürlich, die eigene Technologie (z. B. die neue Hardware, die neue Cloud-Plattform oder die neue Software) in den Vordergrund zu stellen. Denn Technologieunternehmen verdienen hiermit ihr Geld. **Diejenigen, die darüber entscheiden, ob eine Technologie gekauft bzw. eingesetzt wird, stellen jedoch wirtschaftliche Interessen und Belange der Organisation in den Vordergrund.**
Obwohl Technologie oftmals schlagartig in den Vordergrund rückt („Wir machen Big Data!" oder „Wir machen Cloud!"), ist sie doch das Letzte, über das Sie sich Gedanken machen müssen. Technologie kommt ganz von alleine – aber erst zum Schluss.

4.2.5.2 Maßnahmen

Angenommen Sie wissen, WARUM Sie etwas verändern wollen. Und Sie wissen auch, WAS Sie verändern wollen. Dann müssen Sie sich nun Gedanken darüber machen, WIE Sie etwas verändern wollen. Sie müssen sich die Frage stellen, welche Maßnahmen Ihnen dabei helfen, vom hier und jetzt zum gewünschten Zielzustand zu gelangen.
Die Antwort auf diese Frage fällt vielen Technokraten leicht: Technologie natürlich! Beispielsweise verkaufen Softwarehersteller Software. Die Frage, WIE etwas verändert werden soll, beantworten sie natürlich mit ihren Produkten. Meist kennen sie den Problemkontext eines spezifischen Unternehmens nicht und müssen zur Lösung (also ihrem Produkt) erst das Problem (*Warum?* & *Was?*) suchen. Das funktioniert natürlich auch, sofern man branchentypische Problemmuster identifiziert und das WAS mit Hilfe eines Referenzkunden umgesetzt hat („All unsere Bankkunden haben dasselbe Herausforderung...").
Zur Sammlung der nötigen Maßnahmenpakete empfiehlt es sich diese zu gruppieren und lediglich die Gruppenbezeichnungen zu verwenden. Je weniger Details in die Übersicht einfließen, desto übersichtlicher bleibt sie. Insbesondere bei den Maßnahmen könnten Sie durchaus einen kompletten Projektplan erstellen. Jedoch ist dies im Kontext des Zusammenhangs mit dem WAS und WARUM nicht zielführend.

Jede Maßnahme muss einen direkten Zusammenhang zum WAS haben. Wenn Sie eine Maßnahme identifizieren, der kein Element des WAS Bereichs zugeordnet werden kann, ist entweder die Maßnahme nicht hilfreich, um das WARUM und WAS zu unterstützen, oder Ihnen fehlt ein Element im WAS. Der Sprung von hinten nach vorne ist schließlich erlaubt und unterstützt den iterativen Aufbau einer BDN. Allerdings sollten Sie aufpassen, dass Sie die BDN nicht verkomplizieren, indem Sie zurückspringen und Elemente im WAS und WARUM hinzufügen. Der Gedankengang vorne nach hinten (also vom WARUM zum WIE) hat die Hauptproblematik, also das, was wirklich unter den Nägeln brennt, bereits erfasst, und alles, was Sie im WARUM und WAS eingetragen haben, ist primär wichtig. Dinge, die Sie im WIE feststellen, die (noch) keinem Element des WAS zuzuordnen sind, haben zwar auch ihre Daseinsberechtigung, jedoch sind sie meist weniger wichtig. Notieren Sie es sich lieber als dass Sie das weniger Wichtige in die übersichtliche BDN einfügen.

4.2.5.3   Maßnahmen & Technologien erfassen

Kommen wir nun zurück zu unserem Beispiel. Zuvor haben Sie im Rahmen des WAS identifiziert, was organisatorisch verändert werden muss, um den Nutzen (als das WARUM) realisieren zu können. Hier haben wir beispielsweise festgestellt, dass es eines kulturellen Wandels in der Organisation bedarf, um am Markt als anerkannter Innovator zu gelten und die Kundenzufriedenheit letztendlich zu erhöhen.
Nun aber müssen Sie sich fragen, WIE Sie genau diese organisatorischen Veränderungen erreichen können. Die Zielfrage lautet: **welche Maßnahmen und welchen Technologien führen zu den gewünschten Veränderungen der Organisation?**

An dieser Stelle sind die Fachleute und Techniker gefragt. Jedoch meistens erst hier. Folgende Antworten können wir von diesen annehmen:

Veränderung der Organisation		Brain Storming: Maßnahme
Unternehmensweite Standardisierung	→	„Wir benötigen 2 Bereiche im Unternehmen: eine Cloud Abteilung, die sich um die neuen Technologien kümmert, und eine Classic Abteilung, die sich um den Bestand kümmert!" „Wir müssen endlich unternehmensweite Standards einführen, die auch wirklich jeder einhält!" „Wenn wir wirklich in die Cloud wollen, dann muss man dies auch entsprechend in der Produktentwicklung verankern!" „Wir müssen das auch unseren Kunden sagen, dass wir jetzt primär nur noch Cloud machen!"

Neue Abrechnungsmodelle und –richtlinien	→	„Wir zählen aktuell Kabel und verrechnen die dann kompliziert an den Kunden. Neue und einfachere Modelle müssen her!" „Der Kunde kauft ein Produkt und nicht die Einzelteile des Produktes in einem Warenkorb. Daher müssen wir die bestehenden Berechnungsmodelle ändern."
Kultureller Wandel in der Organisation	→	„Wie eben schon gesagt, zählen wir die Einzelteile und liefern individuelle Services für unsere Kunden. Das müssen unsere Kollegen erst einmal verstehen, dass wir jetzt Standards anbieten." „Der Wandel muss vom Vertrieb bis zur Produktentwicklung verstehen, wie unsere zukünftige Produktlandschaft aussieht!"
Reorganisation von Vertrieb und Produktion	→	„Unsere Vertriebsmitarbeiter müssen geschult werden, da Sie die Vorteile der Cloud-Produkte verstehen und zum Kunden tragen müssen!"

Aus diesen Aussagen lassen sich konkrete Maßnahmenpakete wie z. B. die „Schaffung der Classic und Cloud Abteilung" ableiten. Insbesondere Fachleute werden spätestens an dieser Stelle in die Details abdriften wollen; nach dem Motto: „Was genau müssen wir tun, um diese Abteilungen zu schaffen? Wer kommt in die Bereiche, was sind die Teilbereiche? ...". Diese wichtige Detaillierung wird jedoch nicht genau zu diesem jetzigen Zeitpunkt diskutiert. Sie verlieren sich sonst in Details, und insgesamt geht der Überblick verloren. Die Thematik wird in einer Break-out Session oder einem Workshop diskutiert und verfeinert werden.

Kommen wir nun zu den Technologien. Oft kann man in Workshops mit vielen Technikern an dieser Stelle einen erlösenden Seufzer hören: „endlich!". Sie haben im letzten Teilschritt die Maßnahmen gesammelt, die zur gewünschten Veränderung in der Organisation führen werden. Nun machen Sie sich Gedanken, welche Technik – also welche Tools – die Maßnahmen dabei unterstützen, die gewünschten Veränderungen in der Organisation herbeizuführen.

Sofern man selbst für ein Technologie vertreibendes Unternehmen arbeitet, wäre es natürlich an dieser Stelle tragisch, wenn die eigenen Tools – also diejenigen, die man selbst verkaufen muss – nicht die identifizierten Maßnahmen unterstützen. Spätestens an dieser Stelle stellen Sie dann fest, dass das ausgewählte Kundenszenario (oder vielleicht sogar der ganze Kunde) nicht geeignet ist, um an ihn seine Produkte zu verkaufen. Aus diesem Grund geht man im Vertrieb von Produkten einen anderen, umgekehrten Weg: man entwickelt die BDN von hinten nach vorne – ergo von der Technik zum Treiber. Hierbei geht man gemäß der folgenden Frage vor: „Welches Problem könnte ein Kunde des Typus *XYZ* haben, damit meine Technik zum Einsatz kommen kann?".

Bzgl. der Technologien können Sie nun folgende Antworten annehmen:

Maßnahme		Technologie
Reform der Abrechnungsmodalitäten	←	„Das funktioniert nur, wenn wir eine Plattform schaffen, die standardisierte Leistungsparameter besitzt." „XaaS ist das Stichwort: Infrastructure, Software und Platform as a Service"
Schaffung der Cloud & Classic Bereiche	←	„Die neue Plattform würde sich dann von dem ‚alten' abgrenzen können." „Allerdings benötigen wir auch technologisch eine Plattform, die die ‚alte' weiterhin unterstützt." „Das Thema XaaS muss in einer neuen, eigenen Organisation aufgehängt sein."
Unternehmensweite Standardisierungsgremien schaffen	←	„Damit wir untereinander auch zusammenarbeiten können, müssen wir auch technologische Unterstützung bekommen, z. B. in Form einer Unified Collaboration und Communication Plattform"
Cloud First Strategie zur internen und externen Kommunikation	←	„Wir benötigen eine Collaboration Plattform, über die wir diese Dinge auch kontinuierlich kommunizieren."
Schulungen		

4.2.5.4   Das WIE mit dem WAS verknüpfen: Der Zusammenhang zwischen organisatorischen Veränderungen sowie Maßnahmen & Technologien

Wichtig ist, die Fachleute reden zu lassen, ihnen gut zuzuhören und die vielen Informationen effektiv zu filtern und zu abstrahieren. Im Beispiel sind Sie nun an dem Punkt angekommen, an dem Sie das WIE mit dem WAS verknüpfen. Hierbei werden die Ergebnisse der Workshops bzw. der Befragungen so aggregiert, dass möglichst viele Informationen und möglichst viel Übersichtlichkeit in einem Bild untergebracht werden können.

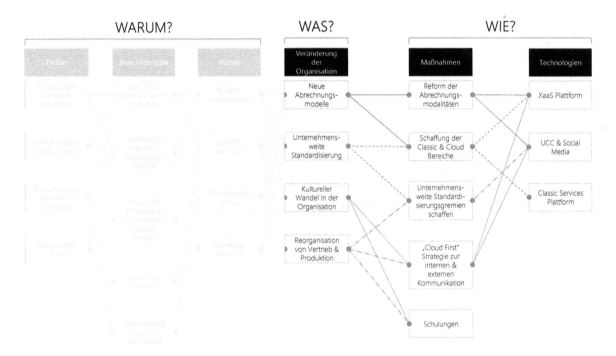

Nach Ihrem Vortrag werden sich **63%** Ihrer Zuhörer an die Geschichten erinnern, die Sie zwischendurch erzählt haben, um den Kontext Ihres Vorhabens zu untermauern.

Nur **5%** werden sich an Statistiken erinnern.

4.2.6 Von den Maßnahmen und Technologien zum zeitlichen Ablauf

[Ein Professor an einer französischen School of Business hält einen Vortrag vor Managern über Zeitmanagement. Er betritt den vollen Raum mit einem großen leeren Glas uns sagt keinen Ton. Die Manager unterhalten sich. Einige spielen an ihren Telefonen und iPads herum. Er stellt das Glas auf sein Pult und sagt keinen Ton.

Der Professor greift unter sein Pult und füllt das Glas langsam mit faustgroßen Steinen. Die Lautstärke im Raum reduziert sich. Mehr und mehr schauen interessiert nach vorne.

Der Professor stellt nun die Frage: „Ist das Glas voll?"

Die Manager antworten: „Ja."

Der Professor greift nun wieder unter sein Pult, holt Kieselsteine hervor und füllt sie in das Glas. Er lächelt. Ein Raunen geht durch die Gruppe.

Der Professor stellt wieder die Frage: „Ist das Glas jetzt voll?"

Die Manager antworten: „Ja."

Der Professor greift nun wieder unter sein Pult, holt Sand hervor und füllt ihn in das Glas. Er lacht. Wieder geht ein Raunen durch den Raum.

Der Professor stellt die bekannte Frage: „Ist das Glas jetzt voll?"

Die Manager antworten: „Nein."

Der Professor lächelt, greift unter sein Pult und holt ein Glas Wasser hervor und schüttet es über das Stein-Kies-Sand Gemisch.

Der Professor fragt: „Was ist meine Botschaft?"

Ein Manager antwortet: „Egal wie viel wir schaffen. Es ist immer noch Platz für mehr."

Der Professor lächelt und sagt: „Wenn Sie große Steine, Wasser, Kieselsteine und Sand in dieses Glas füllen wollen, dann sollten sie mit den großen Steinen anfangen."][23]

Sykes und Clayton haben die BDN um eine Zeitleiste erweitert:[24] Die BDN stellt die Verbindung zwischen Treibern, Zielen und Nutzen mit den Tools, Prozessen und Personen dar, welche wiederum mit Maßnahmen und Technologien verknüpft sind. Man kann auf einen Blick erkennen, was sich verändern muss, damit der erwartete Nutzen eintritt. Die Umsetzung Ihres Vorhabens, das zu besagtem Nutzen führen soll, besteht in der Regel aus Initiativen bzw. Projekten.

Sykes und Clayton bündeln die im Bereich des WIE identifizierten Maßnahmen und Technologien zu solchen Projekten bzw. Initiativen und priorisieren diese. Anschließend stellen sie die Abhängigkeiten zwischen den einzelnen Projekten bzw. Initiativen dar.

Das Resultat ist eine grobe Zeitleiste, die eine Abschätzung über den zeitlichen Ablauf Ihres Vorhabens ermöglicht. Das Auditorium erkennt, wann der erwartete Nutzen zeitlich eintreten wird und warum einzelne Initiativen wichtig sind. Diese Initiativen sind die großen Steine. Die Verfeinerung kann später erfolgen.

---

[23] Quelle: das große WWW

[24] vgl. Sykes, Martin; Clayton, Brad, *Surviving Turbulent Times: Prioritizing IT Initiatives Using Business Architecture*, ACSIJ Vol 1 Issue 1, September 2012

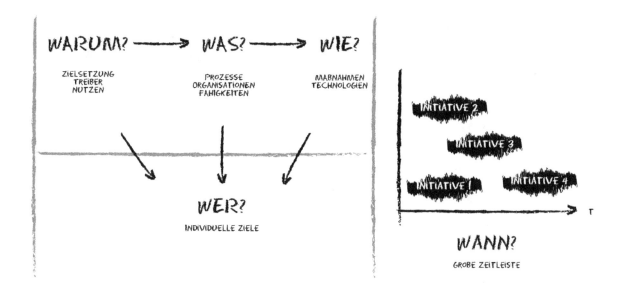

4.2.7 Zusammenfassung: WARUM – WAS – WIE

Nun ist es an der Zeit die einzelnen Puzzleteile zu einem Gesamtbild zusammenzusetzen. Spätestens beim Zusammensetzen des Gesamtbildes zeigt sich, wie die einzelnen Treiber, Ziele, Nutzen, Veränderungen, Maßnahmen und Technologien korrelieren. Das Ergebnis der Korrelation ist eine BDN, die als Orientierungshilfe für jetzt und später dient.

Der Gestaltungsprozess der BDN in diesem Beispiel war linear von links (den Treibern) nach rechts (den Technologien). Meistens ist der Prozess jedoch nicht derart linear, sondern erfordert Sprünge, Reparaturen und Korrekturen. Wichtig hierbei ist, dass Sie weniger Energie in das Layout und das Design der BDN aufwenden als für den Inhalt und die Struktur. Schönheit kommt später ist die Devise.

Da BDNs meistens interaktiv im Workshop mit Teilnehmern zusammengestellt werden, helfen Flipcharts, Whiteboards, Post-Its & Co. wesentlich mehr als Softwaretools.

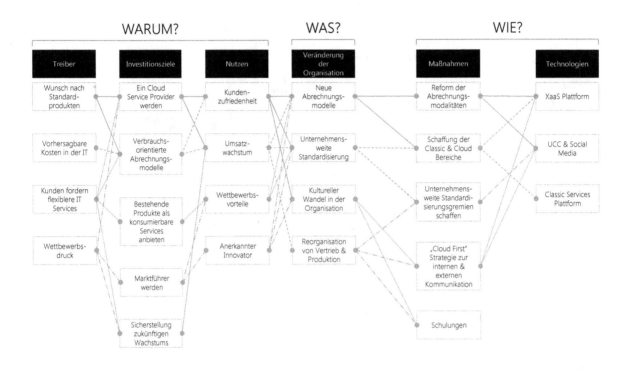

Ist eine BDN einmal erstellt, dient sie nicht nur der Übersicht bzgl. des gesamten Veränderungsvorhabens. Sie dient der Korrelation der einzelnen Elemente und insbesondere der Argumentationskette der jeweiligen Elemente.

Nehmen Sie nun das Beispiel der *XaaS Plattform*: Die Technologie der *XaaS Plattform* bildet faktisch das Ende des WIE-Bereichs. Stellen Sie sich nun vor, Sie hätten die Argumentationskette vom WARUM über das WAS zum WIE verinnerlicht. Dann wüssten Sie, WARUM eine *XaaS Plattform* benötigt wird und WAS getan werden muss, um diese Plattform in der Zielorganisation einzusetzen. Außenstehende kennen diese Argumentationskette jedoch nicht. Daher ist es Ihre Aufgabe, diesen Zusammenhang zu vermitteln.

4 - Das erfolgreiche Voranbringen Ihres Vorhabens: Gehör verschaffen & effizienter kommunizieren

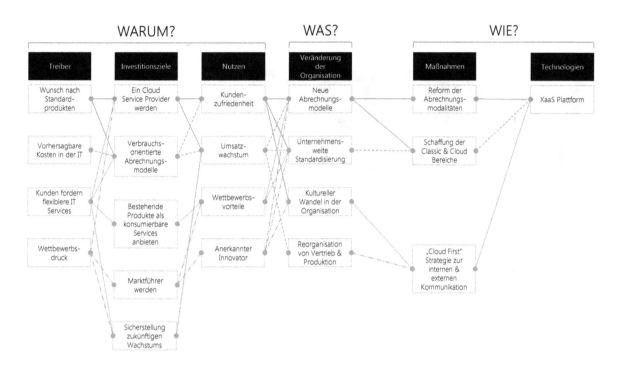

WER?

[Kannst Du das Anderssein eines anderen Menschen nicht verzeihen, bist du noch weit ab vom Wege zur Weisheit][25]

---

[25] Konfizius

Das Auditorium ist das wichtigste Element Ihres Betrachtungswinkels. Es bewertet Ihr Vorhaben und entscheidet über dessen Durchführung. Genauso liefert es Ihnen die nötigen Informationen, um das Vorhaben optimal ausgestalten zu können.

Es ist Ihr Ziel, das Auditorium zu analysieren und die Kernbotschaften so zu formulieren, dass das Vorhaben die größte Realisierungswahrscheinlichkeit hat. Hiermit tun Sie Ihrem Auditorium einen Gefallen, da Sie Ihre Informationen so formatieren, dass Sie bei der Masse der Zuhörer auf offene Ohren stößt.

Angenommen Sie sitzen in einem Meeting und sind jemand, der viele Details hören möchte, und der Vortragende geht höchst oberflächlich über alles hinweg – glauben Sie dann, dass dies ein gutes Meeting war oder glauben Sie, dass Sie wieder einmal 30 Minuten Ihrer Zeit vergeudet haben? Wäre es ein besseres Meeting gewesen, wenn der Vortragende Ihnen detailliertere Informationen geliefert hätte, die Sie interessieren und mit denen Sie etwas hätten anfangen können?

Sie können es nicht jedem recht machen. Derjenige, der versucht es jedem recht zu machen, wird laut Seth Godin scheitern.[26] Denken Sie bei der Analyse daran: in jedem Unternehmen gibt es eine offizielle und eine inoffizielle Organisationsstruktur.[27] Die offizielle Struktur ist diejenige, die im Intranet in Hierarchiebäumen abgebildet ist und die für jedermann zugänglich ist. Die inoffizielle Struktur ist nicht niedergeschrieben. Sie setzt sich aus den Beziehungen der einzelnen Mitarbeiter zusammen, die sich über die Jahre entwickelt hat. Es gibt Sympathisanten für ein bestimmtes Thema, die nicht unbedingt in derselben Abteilung anzutreffen sind. Es gibt Führungskräfte, die früher vielleicht mal mehr Machtbefugnisse hatten als heutzutage, deren ehemalige Mitarbeiter immer noch dem „alten Chef" treu sind. Es gibt Mitglieder der Führungsetage, die hierarchisch auf derselben Ebene angesiedelt sind, die aber unterschiedliche Macht- und Entscheidungsbefugnisse haben bzw. mehr oder weniger Gehör beim obersten Entscheidungsorgan haben. Letzteres sieht man beispielsweise daran, dass immer dieselbe Person den CxO in dessen Urlaub vertritt.

---

[26] Vgl. Sykes et al. / Stories that move Mountains

[27] Vgl. Sykes et al. / Stories that move Mountains

4.2.8 Unterschiede in Vertrieb und Beratung

Im Vertrieb ist es meist die Aufgabe eines Account Managers den Kunden zu kennen. Hierzu zählt insbesondere das Identifizieren der Organisation. Viele beschränken sich mit der Darstellung des offiziellen Organigramms. Das wirklich Wichtige ist jedoch die Organisation abseits des offiziellen Charts. Umsatzorientierte Menschen sind darauf angewiesen, dass diejenigen, die als Befürworter Ihres Vorhabens genannt werden können, auch entscheidungsbefugt sind bzw. bei den entscheidungsbefugten Personen entsprechendes Gehör finden. Je technischer eine Diskussion wird, desto größer ist die (Gegen-)Liebe, die einem bzgl. des eigenen Vorhabens (z. B. das Produkt unseres Unternehmens einzusetzen) entgegengebracht wird.

In der Beratung, insbesondere in der externen Beratung, möchte man eine exzellente Arbeit abliefern – eine Arbeit, die den Auftraggeber derart verblüfft, dass er das Beraterteam gleich mit einem weiteren Auftrag versieht (üblicherweise der Umsetzung der gewonnenen Erkenntnisse). Daher ist es wichtig zu wissen, wer sein Auftraggeber ist und welche Rolle er in dem Unternehmen einnimmt. Denn nicht selten kommt es vor, dass ein externes Beraterteam beauftragt wird, einen Gegenentwurf zu einem internen Vorhaben zu entwickeln, ohne dass dieser jemals in die Realität umgesetzt wird.

In der internen Beratung ist es wichtig die richtigen Sympathisanten zu identifizieren, die wiederum mit den richtigen Geldgebern verknüpft sind. Ohne die richtigen Schlüsselpersonen für das eigene Vorhaben zu gewinnen ist das Scheitern vorprogrammiert.

4.2.9 WER: Entscheider, Unterstützer, Gegner und Betroffene identifizieren

Wie bereits erwähnt sollten Sie nicht den Fehler machen es jedem recht machen zu wollen. Unternehmen bestehen aus Menschen und es sind genau diese Menschen, die Entscheidungen für oder gegen ein Vorhaben treffen. Oftmals geht man davon aus, dass die netten Kollegen oder Kunden im Raum, die lächelnd einen Vortrag verfolgen, dasselbe Hintergrundwissen und dieselben Ziele wie Sie selbst haben. Dem ist jedoch nicht so. Zur guten Vorbereitung gehört auch die Vorabanalyse des Auditoriums.

Ihre Aufgabe ist es – ganz gleich ob im Vertrieb oder der Beratung – die Schlüsselpersonen zu identifizieren, deren Beziehungen zueinander zu identifizieren und vor allem deren Motivationen herauszustellen. Jedes Individuum einer Organisation verfolgt bestimmte Ziele: Macht, Ruhe, Zukunftssicherheit, Gehalt etc. Und genau diese Ziele sind es, die es zu identifizieren gilt: Was treibt Herrn Müller oder Frau Maier an, dass Sie genau Ihr Vorhaben unterstützen werden? Wie wird Ihr Vorhaben Frau Maier oder Herrn Müller nutzen?

Ihr Ziel wird es nicht sein, jedes einzelne Mitglied des Auditoriums zu analysieren. Ihr Ziel ist es, die wichtigsten Entscheidungsträger zu identifizieren und deren Beweggründe zu hinterfragen. Zudem müssen Sie die Schnittmenge der wichtigsten Personen finden; quasi das Boot, in dem sie alle sitzen. Das, was alle gemeinsam haben, hilft Ihnen eine Ausgangsbasis für die Unterstützung Ihres Vorhabens zu schaffen.

SIE können es nicht jedem recht machen. Je größer die Gruppe ist vor der sie ihr Vorhaben vortragen, desto höher ist die Wahrscheinlichkeit, dass dieses Vorhaben abgelehnt wird.
Wenn Sie jedoch im Vorfeld die später anwesenden Personen interviewen, das Thema vorstellen und Ihr Feedback einsammeln, um dann im Vortrag die angepasste Version vorzustellen, so ist die Akzeptanz wesentlich höher. Es hilft während dieses angepassten Vortrags explizit einzelne Anwesende des Auditoriums anzusprechen und vor versammelter Mannschaft darauf zu verweisen dass sie dies im Vorfeld so diskutiert haben.

Im Folgenden werden Sie in 4 Schritten Ihr Auditorium analysieren. Das Ergebnis wird ein essentieller Bestandteil werden, um die nötige Unterstützung für Ihr Vorhaben zu bekommen. Sie werden herausfiltern, wer einen Nutzen aus unserem Projekt zieht und wer nicht bzw. wer Sie unterstützt und wer Sie aufhält. Das Ergebnis wird Ihnen aber auch dabei helfen, diejenigen zu identifizieren, die Sie frühzeitig und kontinuierlich über Ihr Vorhaben informieren müssen, um die maximale Sichtbarkeit zu erzeugen.

4.2.9.1   Schritt 1: Identifikation der Schlüsselpersonen

Im ersten Schritt schreiben Sie alle Personen auf, die mit Ihrem Vorhaben in Berührung stehen. Dies sind Personen, die Sie unterstützen müssen oder die einen Nutzen aus diesem Vorhaben ziehen, die evtl. gegen dieses Vorhaben sind und Personen, die regelmäßig über den Fortschritt informiert werden müssen. In unserem Beispiel sind es Peter, Paul, Susi, Gabi und Frank.
Jede Person wird mit einem + gekennzeichnet, sofern diese Person Ihrem Vorhaben gegenüber positiv eingestellt ist bzw. diese Person einen Nutzen aus Ihrem Vorhaben zieht. Andernfalls kennzeichnen Sie die Person mit einem –.

IHR AUDITORIUM:

SUSI   FRANK   GABI   PAUL   PETER

4.2.9.2 Schritt 2: Priorisieren der Schlüsselpersonen

Im zweiten Schritt werden die identifizierten Personen in einem der folgenden 4 Quadranten einer sog. *Power/Interest Map* zugeordnet:[28]

1. **Schlüsselpersonen:** Diese Gruppe hat ein hohes Interesse an Ihrem Projekt. Sie sind entscheidend für den Erfolg Ihres Vorhabens. Daher müssen Sie frühzeitig ihre Ziele und Motivationen kennenlernen und sicherstellen, dass Sie ihre Anforderungen aufgenommen haben. Beispiele für Schlüsselpersonen sind sog. *Senior People*, die essentielle Ressourcen freigeben, Entscheidungen treffen dürfen oder Experten zur Verfügung stellen (CxOs, Bereichsleiter, Projekt Manager). Ebenso wie die Befürworter für Ihr Projekt sollten Sie auch potentiell einflussreiche Gegner in diese Gruppe aufnehmen. Diese Gruppe muss regelmäßig informiert und aktiv in die Entwicklung des Vorhabens eingebunden werden.[29]

2. **Personen, deren Bedürfnisse man erfüllen muss:** Dieser Gruppe ordnen Sie alle diejenigen Personen zu, die thematisch einen Teil Ihres Vorhabens repräsentieren. Dies sind Personen, die keinen direkten, aktiven Beitrag leisten, die aber auf Grund ihres Themas Anforderungen an Ihr Vorhaben stellen und evtl. einen Stop erwirken. Beispiele können sein: der Betriebsrat (z. B. bei End-User relevanten Vorhaben), die interne Security Abteilung, die Rechtsabteilung etc.

3. **Personen, auf die man Rücksicht nehmen muss:** Dieser Gruppe ordnen Sie alle diejenigen zu, die an Ihrem Vorhaben interessiert sind und einen aktiven Beitrag leisten können. Allerdings sind sie hierarchisch so weit unten aufgehängt, dass sie leider keine essentiellen Entscheidungen treffen können – auch wenn sie Ihre Sache befürworten und gutheißen. Ihr Beitrag zum Vorhaben ist auf Grund ihrer Expertise qualitativ relevant. Beispiele für solche Personen sind: HR-Experten, Systemadministratoren, Fachexperten (Linux, SAP, MySQL etc.)

4. **Unwichtige Personen:** Hier gruppieren wir die übrig gebliebenen Personen ein.

---

[28] vgl. Bryson, J., *Strategic Planning for Public and Nonprofit Organizations*, 1995

[29] Beispiel: Sie sollen intern Kostenpotentiale aufdecken und können sich vorstellen, Desktops aus der Cloud zu nutzen. Das wird den CFO freuen, da die Kosten pro Arbeitsplatz günstiger sind und 30 Mitarbeiter, die für das Desktopmanagement im Haus zuständig sind, nicht mehr in voller Zahl benötigt werden. Den Leiter dieser 30 Mitarbeiter wird dies natürlich nicht freuen und er wird sich wehren.

Zur Eingruppierung der Akteure können Sie eine sog. *Power-Interest* Matrix nutzen. Bei diesem Diagrammtyp werden 4 Quadranten gebildet: je weiter rechts und je weiter oben, desto mehr Macht hat eine Person im Unternehmen (= Budget, Entscheidungsbefugnis, Personal o. ä.) und desto höher ist deren Interesse (= Neugier, Wissensdurst, Motivation bzgl. Umsetzung o. ä.).[30] Im Rahmen Ihres Vorhabens können Sie nicht die Machtbefugnisse der identifizierten Personen beeinflussen. Sie können in Ihrem Fall *Peter* nicht zu einem Aufstieg in der Hierarchie verhelfen, so dass er Ihr Vorhaben aktiv unterstützen kann, indem er Entscheidungen trifft oder Budget zur Verfügung stellt. Aber Sie können Peters Interesse wecken und ihn neugieriger und motivierter bzgl. Ihres Vorhabens machen und seine Einstellung positiv beeinflussen. Daher müssen Sie im Laufe des Vorhabens versuchen, Personen mit geringem Interesse (in diesem Fall: *Peter* und *Gabi*) in die rechts liegenden Quadranten zu bewegen, indem Sie ihr Interesse erhöhen.

Folgende Aktionen können den Quadranten zugeordnet werden:
1. **Wichtig! Schlüsselpersonen**: Diese Gruppe muss umsorgt und gepflegt werden. Die Akteure müssen aktiv in den Entscheidungsprozess eingezogen werden. Sie müssen beteiligt und informiert werden. Regelmäßige Treffen sind empfohlen.
2. **Zu informieren**: Die Akteure dieser Gruppe sind an Ihrem Vorhaben interessiert, sind jedoch nicht mächtig genug. Sie müssen sie permanent informiert halten und sollten sie in Niedrig-Risiko Bereichen des Vorhabens aktiv involvieren. Durch ihr positives Interesse an Ihrem Vorhaben agieren sie primär auch als Botschafter.
3. **Zufriedenstellen**: Mitglieder dieser Gruppe sind zwar verhältnismäßig mächtig, haben aber wenig Interesse an Ihrem Vorhaben. Es kann auch sein, dass sie gar nicht wollen, dass Ihr Vorhaben erfolgreich ist. Daher sollten Sie alles tun, um ihr Interesse im Positiven zu wecken. Sollten sie Ihnen nicht gesonnen sein, so sollten Sie auch in diesem Fall möglichst transparent sein und diese Personen umfassend informieren und ggf. in die Entscheidungsprozesse involvieren.
4. **(Noch) unwichtig**: Hier gruppieren Sie alle diejenigen ein, die wenig Macht und wenig Interesse an Ihrem Vorhaben haben. Auch hier sollten Sie versuchen, das Interesse zu wecken. Es reicht vollkommen aus, diese Personen via Newsletter oder über einen internen Projektblog zu informieren.

---

[30] Vgl. Bryson, John, *What to do when Stakeholders matter*, Public Management Review 2006, Vol. 6

Nachdem Sie die Personen den vier Quadranten zugeordnet haben, können Sie ein Zwischenfazit ziehen, wie es um Ihr Vorhaben bestellt ist. Je mehr negativ eingestellte Personen auf der oberen Ebene erscheinen, desto schwieriger wird es für Sie. Sollte dem so sein, dann sollte man den Tatsachen ins Auge sehen und eher früher als später die Arbeit einstellen. Ich empfehle diesen Schritt transparent mit den als wichtigen Schlüsselpersonen identifizierten Akteuren zu diskutieren. Evtl. bekommen Sie dann doch die Schützenhilfe von ganz oben.

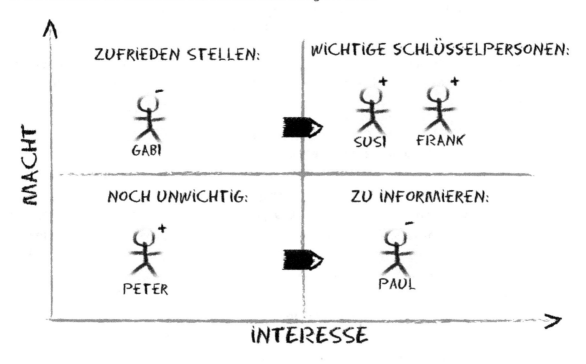

4.2.9.3 Schritt 3: Beziehungsgeflecht hervorheben

Im dritten und letzten Schritt heben Sie die Beziehungen der einzelnen Personen zueinander hervor. Hierbei betrachten Sie die offiziellen Beziehungen auf Basis der organisatorischen Gegebenheiten (Hierarchien). Sie betrachten aber auch die offiziellen Beziehungen, die sich durch frühere Hierarchien, Seilschaften, Bekanntschaften usw. über die Jahre entwickelt haben.

Bzgl. der offiziellen Beziehungen schaut man in das Organigramm des jeweiligen Unternehmens. Wer ist der Mitarbeiter von wem? Wie weit ist jemand in der Hierarchie oben oder unten angesiedelt? Gehört man zum selben organisatorischen Baum oder ist man getrennt voneinander? Zu welchem Bereich eines Unternehmens gehört die Person? Ist sie auf der Fachseite angesiedelt, im Einkauf, in der IT, bei Innovations oder dem Trading? Wenn in unserem Fall beispielsweise *Gabi* für *Frank* arbeitet, also hierarchisch unter *Frank* steht, dann kann sie noch so negativ gegenüber unserem Vorhaben eingestellt sein, wenn *Frank* Interesse an unserem Vorhaben hat. Wenn umgekehrt *Frank* für *Gabi* arbeitet und *Gabi* dem ganzen negativ gegenübersteht, dann nützt es uns wenig bis nichts, dass *Frank* unser Vorhaben unterstützen möchte.

Bei den inoffiziellen Beziehungen muss man hinter die Kulissen schauen. Wer hat eine Seilschaft mit wem? Wer kann nicht mit wem? Wer hat wen in der Vergangenheit gefördert? Wer hat wem die Show gestohlen? Wer lässt sich von wem beraten? Dies ist insofern relevant, da negative und positive Einstellungen gegenüber unserem Vorhaben dann wesentlich dichter beieinander liegen als dass dies ein Organigramm es vermuten ließe. Wenn in unserem Fall beispielsweise *Paul* organisatorisch überhaupt nichts mit *Frank* zu tun hat, *Frank* diesen aber bezüglich Entscheidungen (vielleicht auf Basis von *Pauls* Fachwissen) regelmäßig konsultiert und *Paul* Vertrauen schenkt, so würde sich dies negativ auf unser Vorhaben auswirken, da *Paul* negativ eingestellt ist. In diesem Fall müssen Sie viel Energie aufwenden, um Paul doch noch zu einer positiven Einstellung verhelfen zu können. Dies wäre beispielsweise möglich, indem Sie gezielter hinterfragen, welche Ziele oder auch aktuellen Probleme Paul hat, und wie diese Ziele bzw. Probleme von Ihren Vorhaben adressiert werden können.

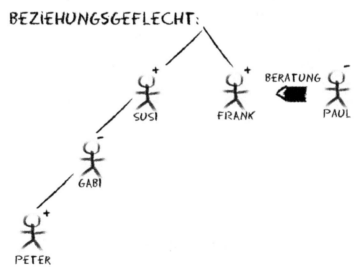

4.2.9.4 Schritt 4: Persönlichkeitstypen herausfiltern

Im 4. und letzten Schritt werden Sie die Persönlichkeit der einzelnen Mitglieder Ihres Auditoriums analysieren. Dies ist insofern wichtig, da jeder Typ Mensch anders auf die Interaktion mit Ihnen reagiert. Wenn Sie beispielsweise in einem Meeting auf *Frank* treffen und eine sehr detaillierte Präsentation mit sämtlichen Kennzahlen, Hintergründen, Abwägungen etc. dabei haben, dann könnte es passieren, dass Frank Sie genervt nach 5 Minuten bittet, endlich auf den Punkt zu kommen. Angenommen Sie treffen auf *Susi* und haben auf Grund unserer Erfahrung im Vorgespräch mit *Frank* gelernt, dass manchmal weniger Informationen mehr sein können, und angenommen Sie kommen nicht mit einer sehr detaillierten Präsentation mit sämtlichen Kennzahlen etc., dann könnte es passieren, dass Ihr Gespräch nicht länger als 10 Minuten dauert und *Susi* Sie bittet, doch beim nächsten Mal mehr Details mitzubringen.

Die Analyse der Persönlichkeit einer anderen Person ist ein sehr kontroverses Thema. Es dient Ihrer Vorbereitung auf ein Gespräch mit besagter Person. In der Regel reicht es aus andere Personen, die mit Ihrem zukünftigen Gesprächspartner bereits Kontakt hatten, zu interviewen und dabei zu fragen was Ihr Gesprächspartner für ein Typ ist. Typische Fragen bei solchen informellen Interviews sind: was ist er/sie denn für ein Typ? Ist er/sie technikverliebt? Mag er/sie Details hören? Ist er/sie kurz angebunden? Ist er/sie cholerisch? Ist er/sie pragmatisch? Wie verhält er/sie sich zu Risiken? Was treibt ihn/sie an? Welche Probleme muss er/sie bewältigen?

Das Bild, das Sie sich im Verlauf solcher Fragen von Ihrem zukünftigen Gesprächspartner machen, entscheidet, wie Sie das Treffen vorbereiten bzw. welche Informationsmaterialien Sie zu diesem Treffen mitnehmen. Sofern Ihnen die oben genannten Fragen o. ä. ausreichen und Sie keinen Formalismus benötigen, können Sie an dieser Stelle das Kapitel beenden. Suchen Sie jedoch ein einfaches Hilfsmittel, um Personen des Auditoriums in irgendeine Schublade oder ein Raster zu packen, dann lesen Sie weiter.

Es gibt viele Modelle, die dabei helfen, die Persönlichkeit eines Menschen in irgendeinen Quadranten oder mit irgendeiner Messzahl zu versehen. Die Modelle sind mal mehr und mal weniger komplex bzw. wissenschaftlich fundiert. Bekannte Modelle sind beispielsweise Myers & Briggs, Carl Jung oder auch die sog. *Big Five*.

Persönlichkeitstests sind nicht nur in der klinischen Psychologie im Einsatz sondern auch in der Wirtschaft. Hier findet man sie sowohl im offensichtlichen Bereich (wie bspw. bei der Personalselektion) als auch primär unterstützend z. B. bei den Vertriebsteams der größeren Anbieter. Im Rahmen eines Talentworkshops bei einem meiner früheren Arbeitgeber wurden beispielsweise alle „Talente" mittels *Insights MDI* gescannt und anschließend mittels der 4 Farben GRÜN, BLAU, GELB, ROT kategorisiert. Die Top-Performer im Team waren durchweg Gelb, Rot. Die Medium & Low Performer hatten starken GRÜN Anteil. Letztere wurde im Jahr danach nicht mehr eingeladen.

Der Berufsverband der Deutschen Psychologen rät in einem Gutachten davon ab, die Methodik von *Insight MDI* in Bereichen wie etwa der Personalauswahl einzusetzen. Im Detail heißt es in einem Gutachten:[31] „Abschließende Bewertung: Zu dem Verfahren liegen keine Qualitätsbelege vor. Es basiert auf theoretisch veralteten und wissenschaftlich ungesicherten Modellen. [...] Von seinem Einsatz bei Personalauswahl und -entwicklung, Coaching und Training muss daher abgeraten werden."

Trotz dieser Kritik kann das nachfolgende Persönlichkeitsradar uns dazu dienen, die Mitglieder des Auditoriums entsprechend zu kategorisieren. Auch wenn die 100% Richtigkeit nicht garantiert ist, so dient es dennoch Ihrer Vorbereitung auf die Konversation und Interaktion mit dem Auditorium. Da Sie das Auditorium nicht persönlich einstellen und entwickeln wollen bzw. es auf Grund ihrer durch die 4 Farben ausgedrückten Fähigkeiten coachen wollen, sondern da Sie wissen wollen, ob jemand eher Details benötigt oder kurz angebunden ist, reicht das nachfolgende Persönlichkeitsradar für Ihre Zwecke vollkommen aus.[32]

Sie wollen an dieser Stelle nicht den Hobbypsychologen spielen, der einen Menschen analysiert. Dazu fehlt Ihnen wie mir wahrscheinlich die Kompetenz – und vor allem der Patient, der einen Fragebogen für uns ausfüllt. Lassen Sie uns lediglich das Ergebnis der Befragung anderer, die mit einer Zielperson bereits Kontakt hatten, in ein einfaches Schema pressen. Ihre Ziele sind es, die Erwartungshaltung Ihres Gesprächspartners zu erfüllen und die Art der Kommunikation und Interaktion mit ihm im Vorfeld richtig zu wählen. Eine Person ist niemals eintönig sondern bunt! Die Frage ist, wie stark die ein- oder andere Farbe im beruflichen Alltag zum Vorschein kommt. Unverhofft kommt es vor, dass ein blau geprägter Mensch bspw. auch einmal lachen kann.

---

[31] vgl. **http://www.bdp-verband.org/bdp/politik/2005/50819_insights.html**

[32] Anmerkung: ich selbst bin eher der rot-gelbe Typ mit ausgeprägten „Schweinehund"-Schwächen im Blau/Grün Bereich. Wenn Sie mir in Meetings also etwas Gutes tun wollen, dann packen Sie alle Details bitte in den Appendix und fassen sich kurz: Warum? Was? Wie? ☺

PERSÖNLICHKEITSRADAR

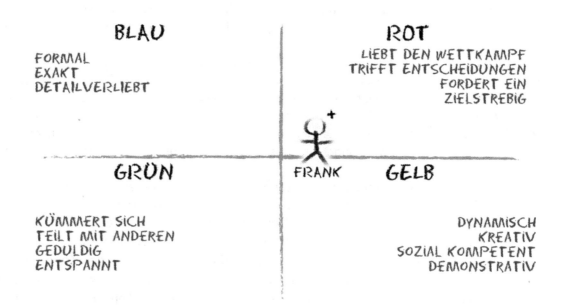

BLAU

FORMAL
EXAKT
DETAILVERLIEBT

ROT

LIEBT DEN WETTKAMPF
TRIFFT ENTSCHEIDUNGEN
FORDERT EIN
ZIELSTREBIG

GRÜN

KÜMMERT SICH
TEILT MIT ANDEREN
GEDULDIG
ENTSPANNT

FRANK

GELB

DYNAMISCH
KREATIV
SOZIAL KOMPETENT
DEMONSTRATIV

Folgende Typenklassen können wir nutzen:

Rote Typen

Rote Typen übernehmen gerne die Führung, denken schnell, nehmen Risiken auf sich, verändern gerne, sind ungeduldig, denken rational und übernehmen Verantwortung. Rote Typen trifft man häufig ganz oben in der Hierarchie. Sie schätzen die Zeit sehr und möchten, dass Sie auf den Punkt kommen. Das Vertriebsblabla kommt überhaupt nicht gut an. Irrelevante Fragen werden nicht gestellt. Bei der Interaktion mit einer stark rot geprägten Person sollten Sie präzise sein, sich aber kurz fassen. Details sind zum Nachlesen gedacht. Rote Typen treffen schnell Entscheidungen und stehen dazu.

Gelbe Typen

Gelbe Typen sind die sozial kompetenten Typen. Sie sind einfallsreich und begeistern andere. Gelbe Typen sind meistens informell, lebhaft und stets optimistisch. Sie sind visionär und haben viel Energie. Sie sind Netzwerker und mögen die persönliche Interaktion. Formalismen engen ihre Kreativität ein. Bei der Interaktion mit einer stark gelb geprägten Person sollten Sie ähnlich optimistisch und energiegeladen Ihr Vorhaben vermitteln. Eine Prise Humor kommt immer gut an.

Blaue Typen

Blaue Typen sind die präzisen Analytiker. Sie lachen meistens im Keller und haben einen extrem scharfen Verstand, der gerne Fakten verarbeitet. Sie können komplexe Dinge im Detail auseinandernehmen und kommen nach einer Woche Neocortex-Überhitzung aus dem Keller mit einer phänomenalen Lösung des Problems. Blaue Typen mögen es nicht, wenn Sie unorganisiert oder gar chaotisch daherkommen. Oftmals sind sie kühl und unnahbar. Man sollte sie nicht drängen. Bei der Interaktion mit einer stark blau geprägten Person sollten Sie formal und gut vorbereitet sein in Punkto Details und Fakten. Sie können sich auf viele scharfsinnige Fragen einstellen, auf die Sie in Ihrer Vorbereitung nie im Leben gekommen wären.

Grüne Typen

Grüne Typen sind die entspannten Personen, mit denen man schnell in eine Interaktion kommt. Sie helfen gerne anderen und sind emotionale Demokraten. Sie sagen ja und meinen oftmals eigentlich nein. Sie spielen gerne den Mediator in Konfliktgesprächen. Grüne Typen möchten nicht ins Rampenlicht gestellt werden. Bei der Interaktion mit einer stark grün geprägten Person sollten Sie stets freundlich auftreten und vor dem Geschäftlichen zu einem Plausch ansetzen. Achten Sie auf die Körpersprache, die eher ausdrückt, was ein grüner Typ wirklich sagen will.

Schauen Sie sich nun die folgenden Beispiele an, die die Anwendung des WARUM WAS WIE Prinzips praktisch darstellen. Alle geschilderten Handlungen, Probleme, Kunden und Personen sind frei erfunden. Ähnlichkeiten wären rein zufällig und nicht beabsichtigt.

Beispiel #1

Im Vertrieb: der RfP

5 Praktische Anwendungsbeispiele

5.1 Beispiel #1: Im Vertrieb - der RfP

Die Firma *Train & More*, kurz *T&M*, bittet diverse Anbieter im Rahmen eines RFP[33] der Initiative *One IT* um Lösungsangebote für das Management von Desktops und E-Mails. *T&M* ist in den Ländern Brasilien, USA und Deutschland vertreten. Das Engagement in Asien ist minimal.

Die Ausschreibungsunterlagen werden von dem externen Sourcing Advisor *Cheaper but Better*, kurz *CbB*, formuliert, der seine Informationen wiederum von den Fachexperten von Desktop und E-Mail bei *T&M* bekommt. Aktuell managt *T&M* Desktop und E-Mail noch in Eigenregie. Auf Grund von Kosteneinsparungen werden diese Leistungen nun ausgeschrieben. *CbB* hat bereits Erfahrungen im Bereich der Ausschreibungen von Desktop Management in Deutschland, Österreich und der Schweiz und nennt den *T&M* einen ungefähren Zielpreis für das Management eines einzelnen E-Mail Postfachs bzw. eines Windows Desktops.

Die Verantwortlichen von *T&M*, die aktuell Desktop und E-Mail betreuen, diktieren *CbB* das aktuelle Setup von Desktop und E-Mail in die Feder, das nach ihrer Ansicht nach das Optimum darstellt. Dies kombiniert mit allgemeingültigen Anforderungen an die Funktionalität, den Betrieb und die Prozesse seitens *T&M* enden im Leistungskatalog des Ausschreibenden.

5.1.1 Der Ablauf ohne WARUM? WAS? WIE?

Das Account Team beruft ein Team aus Fachexperten für Desktop und E-Mail ein und erzählt während des Kick-Off Meetings, dass man in der Vergangenheit schon immer gute Beziehungen zu den Verantwortlichen für Desktop und E-Mail bei *T&M* hatte und dass diese ebenso überrascht von der Ausschreibung waren wie das Account Team selbst. Nun reagiert man auf die Situation.

---

[33] Request for Proposal

Die Fachexperten für E-Mail und Desktop lesen die Ausschreibungsunterlagen durch und wundern sich, dass keine explizite Technologie für E-Mail ausgeschrieben ist, sondern lediglich allgemeingültige Anforderungen an das System formuliert sind. Das Account Team weist jedoch darauf hin, dass IBM Notes in Deutschland im Einsatz ist. In den USA und in Brasilien, wird hingegen Microsoft Exchange verwendet. Jedoch sitzen 90% aller User in Deutschland.

Auf Basis dieser Informationen ziehen sich die Fachexperten zurück, formulieren getrennt voneinander die Angebotstexte bzw. füllen die vorgegebene Preisliste aus. Das Ergebnis ist ein klassisches Desktop Management sowie eine hybride E-Mail Lösung, die genau das abbildet, was zur Zeit im Einsatz ist – nur mit etwas weniger Funktionalität („... denn wenn die das alles von uns haben wollen, wird es ja extrem teuer!")

Das Account Team beschreibt im Antwortschreiben nochmals ausgiebig die Expertise des eigenen Unternehmens und betont an vorderster Stelle durch Zitate des höheren Managements, wie strategisch wichtig *T&M* für das eigene Unternehmen ist.

Obwohl man zu den 5 ausgewählten Unternehmen gehört, die ihr Angebot präsentieren dürfen, ist man auf Grund des Preises und der "nicht passenden" Lösung letztendlich aus dem Rennen. In der Nachbearbeitung des Angebots heißt es seitens des Kunden, dass u. a. seine Expansion nach China durch unser Unternehmen nicht berücksichtigt wurde. Auch das angebotene Desktop Management scheint schwer in Asien realisierbar zu sein.

5.1.2 Der Ablauf mit WARUM? WAS? WIE?

Wir befinden uns nun zeitlich weit vor dem Eintreffen des RfPs. Der zeitliche Vorsprung ist insofern nötig, um den Kunden zu verstehen. Warum wird sich der Kunde für uns und unsere Lösung entscheiden? Was muss passieren, damit unsere Lösung ihre Wirkung entfalten kann? Wie sieht unsere Lösung aus?

5.1.2.1 WARUM?

Die Entscheidung für oder gegen unsere Lösung bzw. Technologie wird nicht spontan getroffen sondern ist das Ergebnis eines längeren Prozesses. Ob Sie Teil dieses Prozesses sind, entscheiden nicht nur Sie sondern primär Ihr Gegenüber. Wenn die IT Sie und Ihr Unternehmen nicht mag, dann muss dies nicht unbedingt für die Fachbereiche gelten, die ein reales Problem zu lösen haben.

Beginnen Sie mit der Analyse des Kunden: Wer ist der Kunde? Womit verdient er sein Geld? In welcher Industrie ist er angesiedelt? Welche Herausforderungen gibt es in dieser Industrie? Welche Herausforderungen hat der Kunde? usw.

Die meisten Fragen können durch eine Recherche ermittelt werden. Sofern der Kunde börsennotiert ist, lohnt der Blick in den letzten Geschäftsbericht. Hier werden insbesondere die Herausforderungen und die Strategien des Unternehmens den Aktionären ausführlich beschrieben. Einige Fragen können aber nur in der direkten Interaktion mit dem Kunden beantwortet werden. Insbesondere die Strategie des CIO findet sich häufig in Folien wieder (wenn auch verborgen hinter Projektnamen).

Tun wir so, als wüssten Sie nichts von dem RfP. Sie erstellen nun ein Profil von Ihrem Kunden: Was treibt ihn unternehmerisch an? Was sind seine Ziele? Was ist der erhoffte Nutzen seiner Strategie?

Die internen oder auch externen Treiber sind immer in den Kontext des Kunden zu setzen. Die Unternehmensführung hat diesbzgl. beschlossen, dass genau diese Themen in den nächsten Monaten und Jahren oberste Priorität besitzen. Der Kunde muss seine Organisation insgesamt dahingehend anpassen, dass die priorisierten Themen auch umgesetzt werden können. Sei es beispielsweise die Vernetzung aller Geräte im Rahmen einer IoT Strategie 2020 oder die Fokussierung der Kernkompetenzen auf Netzdienstleistungen bis 2018.

Folgende Ergebnisse bringt Ihre grobe Analyse des Kunden *T&M*:

- Der Wettbewerbsdruck auf dem amerikanischen Kontinent ist in den letzten Jahren enorm gestiegen. Wichtige Kunden wurden an die Konkurrenz verloren. Daher strebt man den endgültigen Rückzug aus dieser Region an.

- Während der amerikanische Kontinent quasi verloren ist, herrscht Aufbruchsstimmung auf dem asiatischen Kontinent. Die bisherigen sehr kleinen Unternehmensniederlassungen werden ausgebaut.

- Auch auf Grund des verschärften Kostendrucks muss man das Engagement in Asien erhöhen. Nicht nur durch Vertriebs- und Entwicklungskräfte, sondern auch durch Produktionsstädten.

- Um den asiatischen Markt für sich erobern zu können benötigt man zur Finanzierung ein solides europäisches Heimatgeschäft.

- Gerade die technologischen Neuerungen des letzten Jahres haben das Unternehmen technologisch führend gegenüber der Konkurrenz positioniert. Ein Ausbau dieser Führungsposition erfordert jedoch ein erhöhtes R&D Budget, welches u. a. durch den Rückzug vom amerikanischen Kontinent gesichert ist.

Zusammenfassend ergibt sich folgendes Bild, WARUM sich *T&M* verändern will:

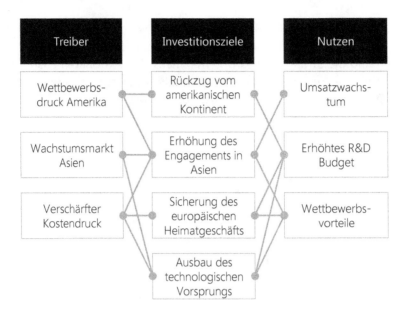

5.1.2.2 WAS?

Sie haben gelernt, dass in einer Organisation Personen, Prozessen und Tools zusammenspielen. Nachdem Sie nun wissen, WARUM sich *T&M* verändern will, müssen Sie nun nach dem schauen, WAS sich verändern wird. Beispiele organisatorischer Veränderungen sind: Geschäftsprozesse, Geschäftsmodelle, Rollen und Aufgabengebiete für Abteilungen, Gruppen & Individuen etc.
Das, WAS sich verändert, steht immer im Zusammenhang mit dem WARUM sich etwas verändern soll. Es muss einen Nutzen erzeugen. Nutzlose Veränderungen sind überflüssig.
Anhand des Geschäftsberichts und Interviews mit verschiedenen Entscheidungsträgern innerhalb von *T&M* können Sie folgende Veränderungen identifizieren:

- Während man die Niederlassungen auf dem amerikanischen Kontinent schließen möchte beginnt man gleichzeitig mit der Eröffnung neuer Niederlassungen in China, von denen man sich ein Umsatzwachstum verspricht.

- Da die einzelnen Landesgesellschaften primär eigene Entwicklungsstandards hatten, müssen zukünftig die Kräfte gebündelt werden und die Entwicklung international standardisiert werden. Hierzu müssen die Mitarbeiter von *T&M* global zusammenarbeiten – ohne die bisherigen Einschränkungen.

- Da die Gefahr des Diebstahls geistigen Eigentums in China sehr groß ist, muss sichergestellt sein, dass die Technologie von *T&M*, die den Wettbewerbsvorteil ausmacht und somit das Kapital von *T&M* darstellt, geschützt ist.

Zusammenfassend ergibt sich folgendes Bild, WAS sich bei *T&M* verändern soll:

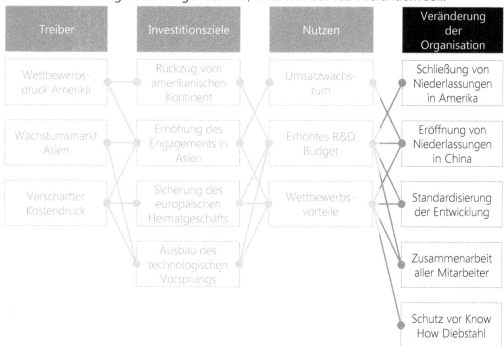

5.1.2.3 WIE?

Sie wissen nun WARUM *T&M* etwas verändern will. Sie wissen nun auch WAS *T&M* verändern will. Nun müssen Sie sich Gedanken machen, WIE *T&M* Veränderungen herbeiführen möchte.
Das WIE ist in der Regel die Reaktion der IT auf die Veränderungen des Business:

- Weil die Landesgesellschaften in der Vergangenheit ihre eigene Entscheidungs- und Budgethoheit hatten, mussten sie die teuren Standards, die von der Zentrale vorgegeben wurden, nicht umsetzen. Aber durch die absehbare Schließung der Niederlassungen in Amerika und der Eröffnung neuer Niederlassungen in China ergibt sich für die zentrale IT die Chance endlich einheitliche Standards auszurollen. Man fasst diese Maßnahmen in der Initiative *One IT* zusammen.

- Da man Angst davor hat, dass Daten in fremde Hände gelangen, muss die Initiative *Secure IP* sicherstellen, dass dies nicht passiert.

- Durch die Standardisierung der internationalen Entwicklung und die verstärkte Zusammenarbeit aller Mitarbeiter ist es wichtig, dass jeder von überall und jederzeit uneingeschränkten Zugriff auf seinen Arbeitsplatz und die relevanten Daten hat. Hierzu wurde die Initiative *Everywhere & Anytime Access* ins Leben gerufen.

Es ergibt sich folgender Zusammenhang:

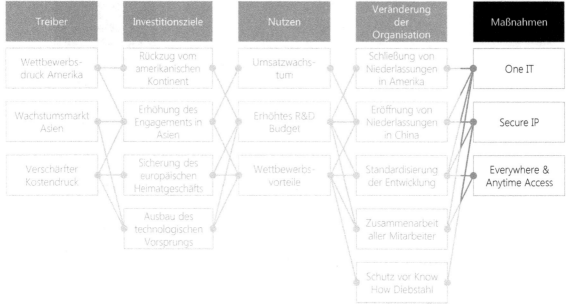

5.1.2.4 Überblick & Zusammenhang

Nun kommt der RfP. Das Unternehmen *T&M* ist börsennotiert und muss die fehlende Technologie bzw. den fehlenden Service ausschreiben. Die IT wurde „etwas" von den Entscheidungen der Geschäftsführung überrascht. Man hat es zwar erahnt, jedoch hat man nie einen solch konsequenten Schritt erwartet. Allerdings müssen rasche Ergebnisse vorgezeigt werden. Der Druck ist hoch. In der Eile wird ein RfP verfasst. Die angeschriebenen Unternehmen sind ja schon langjährig mit *T&M* in Kontakt und müssten *T&M* eigentlich kennen.

Ein häufiges Problem vieler IT-ler ist, dass sie Ihre Produkte im Kopf haben und wissen, wie gut (oder schlecht) sie sind. In der Kommunikation mit dem Kunden wird das Thema Veränderung der Organisation oder Treiber des Unternehmens so gut wie nie angesprochen. Es wird primär mittels „Sie müssten unbedingt in die Cloud" – „nein, Cloud machen wir nicht" – „haben Sie mittlerweile das Feature XYZ eingebaut?" – „Stellen Sie uns doch mal etwas Innovatives vor!" usw. kommuniziert. Meistens findet diese Art der Kommunikation auf den mittleren bis unteren Ebenen statt. Die quartalsweisen 1-stündigen Treffen mit der oberen Führungsetage sind meist mit anderen Themen („Die Qualität ist schlecht!", „Sie sind zu teuer!", „Die anderen sind da viel, viel besser!") blockiert.

Im Rahmen eines RfP einer bestimmten Größenordnung ist die Aufmerksamkeit der oberen Führungsetage jedoch vollkommen garantiert, da sie an der Umsetzung der Maßnahmen gemessen wird. Während Sie daran gemessen werden, wieviel Umsatz Sie gemacht haben, wird Ihr Auditorium daran gemessen, wie erfolgreich Sie die angestrebten Veränderungen umgesetzt haben.

Die Frage, die Sie sich nun stellen müssen, ist: „WIE kann mein Produkt dabei helfen, die Veränderungen von T&M zu unterstützen?" – Genau das erwartet man von Ihnen, da Ihr Unternehmen dies wöchentlich bei ganz vielen anderen Kunden (neben T&M) umsetzt.

Leider fehlte die Zeit, genau dies im RfP zu verbalisieren. Und weil der RfP auf Grund des Zeitdrucks so knapp formuliert wurde, bleibt Ihnen auch nicht viel Zeit, das Angebot zu kalkulieren und – wie Ihre Wettbewerber auch – an den Kunden zu senden. Wenn Sie die BDN bis zu diesem Zeitpunkt noch nicht erstellt haben, wird es zeitlich sehr knapp, da Ihre Fachexperten, die Ihnen bei der Formulierung und Kalkulation des Angebots helfen sollen, von Ihnen erwarten, dass Sie sie über den Kunden informieren:

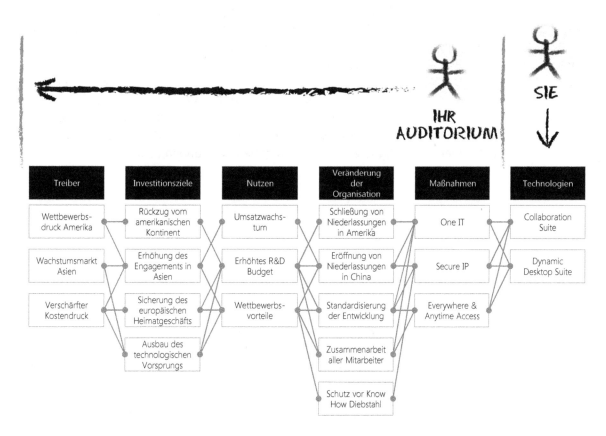

Nun, im Gegensatz zum ersten Szenario mit negativem Ausgang wissen Sie nun WARUM Ihr Kunde sich verändern muss und WAS der Kunde verändern will. Sie bieten ihm nun Ihre beiden Produkte *Collaboration Suite* und *Dynamic Desktop Suite* an, weil Sie der Überzeugung sind, dass sie genau die vom Kunden angestrebte Veränderung unterstützen können. Sie sind genauso überzeugt von Ihren Produkten wie T&M von seinen Produkten.

Bevor Sie also die technischen Details sowie Preise von *Collaboration Suite* und *Dynamic Desktop Suite* ausführlich beschreiben, müssen Sie dem Kunden mitteilen, weshalb er diese beiden Produkte benötigt. Der Vorteil der BDN ist, dass die Zusammenhänge, die „schließlich jeder kennt" klar und übersichtlich darstellt. Wenn Sie bspw. der Meinung sind, dass Ihre *Collaboration Suite* den Kunden *T&M* dabei unterstützt im Rahmen seiner *One IT* Initiative u. a. die Zusammenarbeit der Mitarbeiter und den Schutz vor Know How Diebstahl zu unterstützen, dann sollten Sie dies dem Kunden auch mitteilen. Und wenn Sie bspw. der Meinung sind, dass Ihre *Dynamic Desktop Suite* den Kunden dabei hilft, den Know How Diebstahl des geistigen Eigentums zu schützen, weil sie ausschließlich Citrix Arbeitsplätze in Asien zur Verfügung stellt, dann sollten Sie dies T&M mitteilen.

Erst nachdem Sie diesen Zusammenhang deutlich gemacht haben und Ihr Auditorium auf *T&M* Seite versteht, WIE Sie deren Maßnahmen mit Ihrer Technologie bzw. Ihren Services unterstützen, beginnen Sie mit der ausführlicheren Beschreibung Ihrer beiden Produkte. Da Sie den Kunden und sein Geschäft kennen und verstehen, dürfen Sie auch ruhig proaktiv beratend antworten – jedoch immer im Kontext der Veränderungen bei *T&M*.

Die Fachexperten, die Sie bei der Beantwortung des RfP mit Ihrer technischen Expertise unterstützen, müssen diesen Zusammenhang des WARUM – WAS – WIE ebenfalls verstehen. Sobald Sie die Organisation *T&M* im Licht der BDN sehen, werden Sie sicherlich nicht mehr klassisches Desktop Management sowie eine hybride E-Mail Lösung anbieten. Sie werden andere Produkte aus Ihrem Portfolio auswählen, die geeigneter sind, das Vorhaben des Kunden zu unterstützen.

Beispiel #2

Strategische Beratung & Vertriebsunterstützung

5.2 Beispiel #2: Strategische Beratung & Vertriebsunterstützung

Der Kunde *BeerBrew* ist bereits ein langjähriger Kunde Ihres Unternehmens. Sie haben bereits mehrere Produkte und Dienstleistungen verkauft und werden eher als Partner denn als Lieferant gesehen. Ihr Vertriebsteam veranstaltet zwei Mal im Jahr einen sog. Innovationsworkshop und präsentiert ausgewählten Personen auf Kundenseite die Neuerungen Ihres Unternehmens.

5.2.1 Der Ablauf ohne WARUM? WAS? WIE?

Das Account Team diskutiert im September mit dem Kunden, wann, wo und wie lange der nächste Innovationsworkshop im November stattfinden soll. Nach der terminlichen Fixierung beginnt die Festlegung der Agenda. Da der Kunde der Hausherr ist, wird ihm der einleitende Gesprächsslot zugesprochen, bei dem er einen Überblick über die aktuellen Herausforderungen aus IT Sicht geben möchte. Danach werden die innovativen Themen Ihres Unternehmens von unterschiedlichen Experten vorgestellt. Bei der Auswahl der Themen geht das Account Team gemäß der Devise vor: was könnte interessant sein? Was ist neu in unserem Portfolio? Was haben wir den Teilnehmern bisher noch nicht vorgestellt?

Am Tag des Workshops stellt der Kunde kurz seine aktuellen Probleme dar und erzählt Ihren Kollegen, dass er klassischerweise Bier verkauft und jetzt durch die Digitalisierung der Industrie hofft, noch näher an den Kunden heranzukommen und seine Entscheidung am sog. Point of Sale (PoS) beeinflussen zu können. Denn die überwiegende Anzahl der Bierkonsumenten entscheidet spontan im Restaurant, der Bar etc. ob er oder sie ein *BeerBrew* oder ein Konkurrenzprodukt bestellt. Der Kunde war bis dato eher abstrakt und anonym. Insbesondere die Marketing Experten wollen den Kunden aber identifizieren und verstehen lernen.

Im Verlauf des Workshops stellen die geladenen Kollegen ihre Themengebiete vor und man überlegt kurze 5-10 Minuten, ob und wie das Thema bzw. die Technologie interessant und nützlich für *BeerBrew* sein könnte. 2 der 5 Sprecher kamen allerdings verspätet, so dass sie die Einführung des Kunden zu Beginn der Veranstaltung verpasst hatten. Am Ende des Termins sagt der Kunde, dass das Treffen wieder mal sehr interessant war und dass man nun überlegen müsste, wie und ob die vorgestellten Technologien ihm helfen könnten. Man geht nett essen und alle sind zufrieden.

4 Monate später setzt *BeerBrew* immer noch dieselben Technologien aus Ihrem Haus ein, die sie bereits vor Ihrem Innovationsworkshop eingesetzt haben. Die Fachabteilungen von *BeerBrew* haben sich unabhängig von der IT mit diversen Anbietern der Digitalisierungsindustrie vertraglich vereinbart. Deren Lösungen überlappen sich mit Ihrem Portfolio.

5.2.2 Der Ablauf mit WARUM? WAS? WIE?

Sie befinden sich nun idealerweise zeitlich weit vor September. Angesichts der Urlaubssaison beginnen Sie Anfang Juni. Wenn Sie nun gebeten werden, das Account Team dabei zu unterstützen, dem Kunden diejenigen Produkte und Dienstleistungen im November vorzustellen, die *BeerBrew* dabei helfen, seine Unternehmensziele zukünftig zu erreichen, müssen Sie frühzeitig beginnen, den Kunden zu verstehen.

In diesem Fall gehen Sie iterativ und rekursiv vor: Sie schauen sich zunächst an, was das Unternehmen antreibt, sprechen dann mit Entscheidungsträgern von *BeerBrew* und schließen dann rekursiv von der Technik auf das Unternehmen.

5.2.2.1 Phase #1: WARUM aus Unternehmenssicht

BeerBrew braut nicht nur erstklassiges Bier sondern veröffentlicht auch erstklassige Geschäftsberichte, die die Treiber, Investitionsziele sowie den erhofften Nutzen ausführlich beschreiben. Insbesondere die Geschäftsführung von *BeerBrew* äußert sich zu den Herausforderungen und damit verbundenen Prioritäten im nächsten Fiskaljahr.

TREIBER

Der Biermarkt ist hart umkämpft. Obwohl das Bier noch immer so gebraut wird wie vor 100 Jahren und die Produktion hoch automatisiert ist, drücken die Kosten auf den Gewinn. Insbesondere die stetige Verteuerung der Zutaten beeinflusst die Marge. Da der Umsatz mit klassischem Bier zurückgegangen ist, setzt man auf Alternativen, die vom Kunden angenommen werden. Der Glaube an die eigene Innovationskraft steht hierbei im Vordergrund. Der europäische Heimatmarkt ist so gut wie gesättigt. Daher will *BeerBrew* international stärker wachsen.

INVESTITIONSZIELE

Laut Geschäftsbericht genießen bei *BeerBrew* folgende Initiativen die oberste Priorität:

- **Markenwachstum**: Die Marke *BeerBrew* ist ein strategisches Gut, das es weiter auszubauen gilt.

- **Kundenorientierte und -inspirierte Produkte**: Zukünftig möchte man die vielen Kunden zu Wort kommen lassen, wenn es um die Entwicklung neuer Produkte geht. *BeerBrew* möchte stärker mit den Kunden interagieren und verstehen, was sie stört bzw. was sie gut finden und sich von *BeerBrew* wünschen.

- **Internationales Wachstum**: *BeerBrew* hat in den letzten Jahren strategische Zukäufe in Schwellenländern getätigt. Diese Basis soll durch weitere Akquisitionen ausgebaut werden. Insbesondere in den sog. *High Growth* Regionen werden die Potentiale weiter gehoben.
- **Internationale Zusammenarbeit und Bündelung der Kräfte**: Das internationale Wachstum der letzten Jahre hat zu einem weltweiten Potential aus Märkten, Menschen und Mitarbeitern geführt, welches es nun weiter zu heben gilt. Zum einen müssen Ländergesellschaften stärker zusammenarbeiten. Zum anderen müssen Produktionskapazitäten in Ländern und Kontinenten konsolidiert werden.

NUTZEN

BeerBrew erhofft sich von den angestrebten Zielen den üblichen Nutzen: Umsatzwachstum, eine höhere Kundenakzeptanz, die Marktführerschaft sowie eine Kostenreduktion.

ZWISCHENSTAND

Übertragen auf eine BDN ergibt sich folgender Zwischenstand:

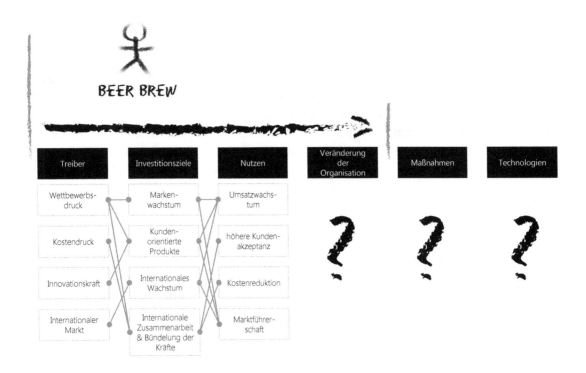

5.2.2.2 Phase #2: Ein erstes WIE, WAS und WARUM aus Ihrer Anbietersicht

Beginnen Sie nun aus Ihrer Sicht. Diese beginnt in der BDN auf der rechten Seite, dem WIE. Das WIE ist das, was Sie verkaufen: die Produkte A, B und C. Jedes Produkt ist einer abstrakten Kategorie zugeordnet. Zum Beispiel ist Ihr Produkt C der Kategorie *Big Data Analytics* zugeordnet. Kunden, die *Big Data Analytics* betreiben, können damit zum Beispiel das Kundenverhalten in sozialen Netzwerken auswerten oder die Entscheidungsfindung der Kunden am sog. *Point of Sale* (PoS)[34] beeinflussen. *Decision Influencing* wäre in diesem Fall die zugehörige Marketing Maßnahme bzw. das gängige Schlagwort. Dies wiederum setzt voraus, dass die Organisation sich insofern verändert, dass der Kunde, der bisher anonym ist, nun seine Identität elektronisch preisgibt – indem er beispielsweise mittels Smartphone und *BeerBrew* iPhone oder Android App über Beacons am PoS lokalisiert wird. Das ist der entscheidende Vorteil von *BeerBrew* gegenüber der Konkurrenz, deren Kunden komplett anonym sind. *BeerBrew* kommuniziert direkt (elektronisch) mit dem vorher anonymen Kunden direkt am PoS und kann ihm direkt z. B. einen Gutschein (= Coupon) auf das Smartphone senden. Neben dem Umsatzwachstum ist auch die Marktführerschaft ein assoziierter Nutzen dieser organisatorischen Veränderung. Dies ist zumindest der allgemeine Tenor der gängigen Analysten.

Schauen Sie sich dies nun anhand der BDN an:

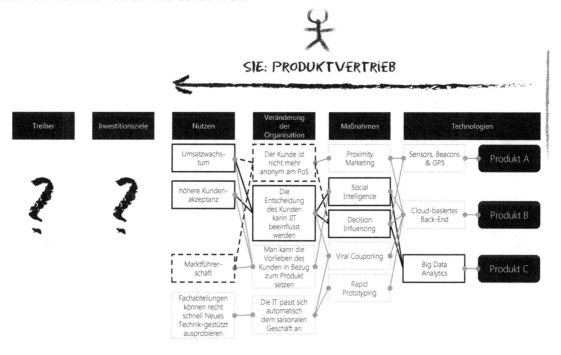

---

[34] Bei *BeerBrew* handelt es sich primär beim PoS um eine Theke

Von rechts nach links betrachtet ergibt sich eine Argumentationskette vom Produkt hin zum Nutzen. Sie wollen und müssen das WIE verkaufen, müssen jedoch das WARUM und das WAS aufzeigen, um Ihr zukünftiges Auditorium von Ihrem Produkt zu überzeugen.

Wenn Sie diesen Zusammenhang nicht aufzeigen, wird sich Ihr Ansprechpartner fragen, welchen Nutzen er mit Ihrem Produkt verbinden kann:

- Ist Ihr Ansprechpartner eher technologielastig, wird er mit Ihnen die Features diskutieren. Hat er einen konkreten Auftrag zur Auswahl eines solchen Produkts, dann wird er Ihr Produkt mit anderen wie beim Autoquartett vergleichen. Hat er keinen Auftrag, dann wird er gegebenenfalls auf Sie zurückkommen – falls der weniger technologielastige Fachbereich anfragt.[35]

- Ist Ihr Ansprechpartner weniger technologielastig (in der Regel der Fachbereich), dann wird er nicht über technische Details mit Ihnen sprechen. Er hat konkrete Realprobleme, die er lösen muss: eine höhere Kundenakzeptanz schaffen oder die Anonymität des Kunden am PoS aufheben.

Wichtig ist also zu wissen, WER Ihr Auditorium ist. Doch dazu später.

5.2.2.3 Phase #3: Das WIE, WAS und WARUM aus unserer Anbietersicht abgestimmt mit dem WARUM und WAS aus Kundensicht

Bringen Sie nun beide Sichtweisen zusammen: die des Kunden, der primär aus der WARUM -> WAS Richtung auf die Technologie (also das WIE) zugeht. Und Ihre Sichtweise, die primär aus der WIE → WAS Richtung auf die Probleme des Kunden (also das WARUM) zugeht.

Hier das Ergebnis in Form der BDN:

---

[35] An dieser Stelle können Sie dann bereits aufhören und sich anderen Kunden widmen.

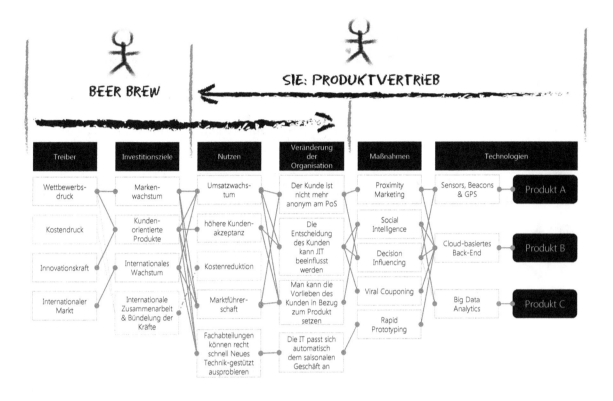

Doch was wissen Sie nun? Sie wissen, was *BeerBrew* antreibt. Sie wissen, dass der Wettbewerbsdruck groß ist und dass im klassischen Biermarkt auch Innovation zählt. Sie wissen, dass *BeerBrew* u. a. eine höhere Kundenakzeptanz benötigt. Sie wissen aber auch, dass man international gesehen stärker zusammenarbeiten will, um die Kosten zu reduzieren.

Anhand der BDN können Sie erkennen, dass Ihre Produkte keine Kostenreduktion adressieren. Das heißt, dass jeder Ansprechpartner, der primär kostengetrieben ist, Ihr Vorhaben nicht unterstützen wird. Vielmehr müssen Sie sich auf diejenigen fokussieren, die Innovationen fördern.

5.2.2.4 Phase #4: WER

Im letzten Schritt schauen Sie sich das Auditorium an. Wessen Interessen können Sie mit Ihren Produkten adressieren? Wer hat welche Aufgabe innerhalb von *BeerBrew* übertragen bekommen, zu deren Lösung Sie mit Ihren Produkten beitragen können?

Auf der Suche nach den richtigen Personen, aus denen sich Ihr Auditorium zusammensetzt, gehen Sie auf der BDN von links nach rechts vor und überspringen die unternehmerischen Investitionsziele für dieses Beispiel.

Sie haben gelernt, dass jeder Nutzen mit einer Person (oder der ihm untergeordneten Teilorganisation) assoziiert sein muss. Dieser Nutznießer erkennt den klaren Vorteil des Vorhabens und ist somit gewillt das Vorhaben zu unterstützen. Diese Unterstützung kann persönlich sein z. B. durch direkte Teilnahme am Vorhaben. Die Unterstützung kann aber auch dadurch erfolgen, dass durch den vorhandenen Einfluss innerhalb der Organisation Türen geöffnet werden oder auch Budgets freigegeben werden.

Die Analyse der Organisation erfolgt durch Interviews von Kollegen, Partnern und ausgewählten Ansprechpartnern auf Kundenseite. Hierbei kommen Sie zu folgendem vereinfachten Bild:

Susi soll als Leiterin Marketing den Umsatz ankurbeln. Hierzu haben sie und ihr Team diverse Ideen entwickelt, die in Form von Software umgesetzt werden müssen. Sie wissen nicht genau, welche der Ideen am Ende wirklich Wirkung zeigen und möchten daher möglichst viele kurzfristig und mit geringen Kosten umsetzen.

Susi ist generell offen für Neues und sucht dringend nach externer Unterstützung bei der Umsetzung ihres Vorhabens.

Gabi als Leiterin IT Infrastruktur musste in den letzten Jahren immer mehr Kosten einsparen und Personal abbauen. Gleichzeitig fordern die Fachbereiche immer wieder „Sonderlocken" und äußern Ihren Unmut gegenüber der Behäbigkeit der internen IT. Gabis diesjähriges Ziel ist die Kostenreduktion um 30%.

Gabi hat mittlerweile gelernt, nicht so schnell nachzugeben und möchte nicht, dass irgendwelche Externe in Ihrem Fahrwasser herumschwimmen.

Paul ist dafür zuständig, die Kundenakzeptanz zu erhöhen indem er neue Produkte von *BeerBrew* am Markt ausprobiert. Die letzten Bier-Innovationen Ananas Hefe und Pils Hawaii sind grandios gescheitert.

Jetzt soll er zusammen mit Susi, seiner Ex-Frau, zusammenarbeiten, um eine Bier-Innovation an den Markt zu bringen, die die Kunden begeistert und nicht verschreckt.

FRANK

Frank ist der Chef-Architekt von *BeerBrew* und näher an den Fachabteilungen als an der IT. Er ist aus Sicht der IT eher der advocatus diaboli, da er viel zu oft deren Argumente übernimmt.

Grundsätzlich ist er positiv Neuem gegenübergestellt und möchte den Fachabteilungen helfen, deren Anforderungen mit möglichst vielen Abstrichen umzusetzen. Er ist von der Geschäftsleitung beauftragt, Susi zu unterstützen.

Insgesamt ergibt sich folgende Darstellung:

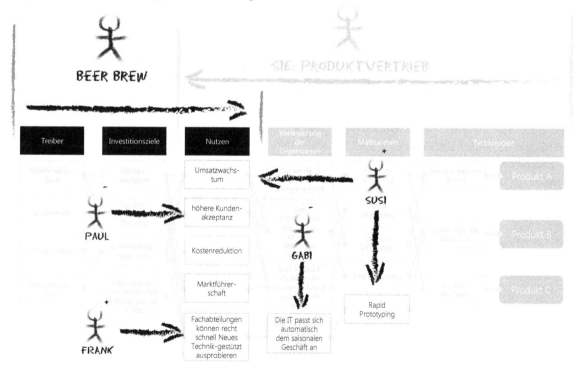

5.2.2.5   Überblick & Zusammenhang

Im Gegensatz zum Ansatz ohne WARUM, WAS, WIE beginnen Sie bereits weit vor September damit, die organisatorischen Ströme innerhalb des Unternehmens zu erfassen und in Form der BDN zu analysieren. Sie wissen wohin das Unternehmen zurzeit tendiert und wer sich mit diesen Dingen thematisch auseinandersetzen muss. Sie wissen, welche Ziele er oder sie verfolgt – wer Förderer ist und wer auf Grund kontroverser Ziele Gegner sein kann. Sie wissen aber auch, welche Ihrer Produkte und Lösungen auf die Ziele der einzelnen Personen einzahlen und diesen Personen helfen, deren Ziele zu erreichen: eine Win-Win Situation.

Nun zurück zum Workshop: ohne WARUM WAS WIE wurde primär das WIE im Workshop vorgetragen. Das Auditorium musste sich überlegen, ob und wie das Thema bzw. die Technologie interessant und nützlich für *BeerBrew* sein könnte. Am Ende des Termins sagte der Kunde, dass das Treffen wieder einmal sehr interessant war und dass man nun überlegen müsste, wie und ob die vorgestellten Technologien ihm helfen könnten. Man ging nett essen und 4 Monate später setzt *BeerBrew* immer noch dieselben Technologien aus Ihrem Haus ein, die sie bereits vor Ihrem Innovationsworkshop eingesetzt hatten. Die Fachabteilungen von *BeerBrew* haben sich unabhängig von der IT mit diversen Anbietern der Digitalisierungsindustrie vertraglich vereinbart, deren Lösungen sich mit Ihrem Portfolio überlappten.

Mit WARUM WAS WIE haben Sie sich nun im Vorfeld Gedanken gemacht, welche unternehmerischen Herausforderungen Ihr Kunde *BeerBrew* hat. Sie haben analysiert, welche Veränderungen nötig sind, um diese Herausforderungen zu meistern. Zudem haben Sie diese Ergebnisse mit Ihrem Produktportfolio abgeglichen und festgestellt, dass Sie eine Win-Win Situation schaffen können. Sie wissen WER im Unternehmen von diesen Herausforderungen tangiert ist und sprechen vor dem Workshop intensiv mit den Betroffenen Personen. Sie wissen welche Ziele diese Personen verfolgen und wer von Ihrem Vorhaben profitiert. Im Workshop zeigen Sie dem Auditorium auf, WARUM sich WAS WIE ändern muss. Nach dem Workshop steigen Sie mit den relevanten Personen tiefer in die Materie ein.

Ob *BeerBrew* Ihre Lösung am Ende wirklich einsetzt, um die Herausforderungen der Digitalisierung zu meistern sei dahin gestellt. Die Wahrscheinlichkeit ist jedenfalls wesentlich höher.

Beispiel #3

Interne Beratung & Optimierung

[Der Berater ist die Person,

... die Ihnen die Uhr abnimmt, um Ihnen zu sagen, wie spät es ist.

... die im letzten Moment gerufen wird um jemandem die Schuld zuzuweisen.]

5.3   Beispiel #3: Interne Beratung und Optimierung

Ihr Unternehmen hat vor 2 Jahren einen sehr großen Vertrag mit der Firma *SuperConservative&More* abgeschlossen. In diesem Vertrag sichert Ihr Unternehmen *SuperConservative&More* zu, dass das E-Mail System bis auf vordefinierte Wartungsfenster permanent funktioniert.

Am letzten Wochenende kam es nun zum Totalausfall dieses E-Mail Systems für ganze 7 Stunden. Erst nachdem sich mehr als 300 Benutzer im Laufe der ersten 2 Stunden sukzessiv beim Service Desk gemeldet hatten, da ihr Outlook Client keine Verbindung aufbaute, hat man intern erste Schritte unternommen, um das Problem zu lösen.

Die Suche nach der Ursache zog sich extrem lange hin. Erst nach 7 Stunden konnte Ihr Unternehmen *SuperConservative&More* mitteilen, dass das Problem 100% gelöst wurde. Der Kunde war über diesen Dilettantismus nicht erfreut und hat vermehrt darauf hingewiesen, dass ein ähnlicher Fall unter der Woche zu einem großen Umsatzausfall geführt hätte, da sich Händler nicht abstimmen konnten. Diese Abstimmung geschieht größtenteils automatisiert über E-Mail und musste nun per Hand und Telefon von den *SuperConservative&More* Mitarbeitern sichergestellt werden.

Die Beschwerde von *SuperConservative&More* bei Ihnen im Hause hat hohe Wellen geschlagen und die Empörung wurde exponentiell ansteigend die Hierarchieleiter von oben nach unten weitergereicht. Ihr Management hat dem Kunden zugesagt, dass dies nicht wieder vorkommt. Das Management hat eine Untersuchungskommission eingesetzt, die gemäß den ITIL Prozessen die Disziplinen Incident (= INM), Problem (= PRM) und Change (= CHM) unter die Lupe genommen hat und bereits nach 4 Tagen mit einer Analyse und einem Verbesserungsvorschlag aufwartete. Ursache des Ausfalls war, dass bei Wartungsarbeiten („Change") eine falsche Routing Tabelle auf einen Cisco Router eingespielt wurde, wodurch dieser Router zwar funktionierte, alle Anfragen jedoch ins Nirwana weitergeleitet wurden. Man hat zugesagt, das Monitoring dieser Router zu Verbessern und das 4-Augenprinzip zukünftig zu wahren. Die Wogen sind danach geglättet, der Kunde traut dem Braten nicht ganz, andere alltägliche Themen sind wieder auf der Prioritätenliste Ihres Managements.

Sie waren etwas überrascht von der Schnelligkeit dieser Analyseergebnisse möchten dafür sorgen, dass solch ein Ausfall nicht noch einmal passiert.

5.3.1 Der Ablauf ohne WARUM? WAS? WIE?

Sie beginnen damit, das Problem zu analysieren. Sie sehen sich an, was genau passiert ist und was die Kollegen, die bereits im Rahmen des PRM die Fehleranalyse durchgeführt haben, zu berichten haben. Sie schreiben E-Mails an Kollegen und telefonieren mit Fachexperten. Nach ca. 1 Woche haben Sie sich ein Bild gemacht und die ersten Verbesserungsvorschläge strukturiert. Sie laden die entscheidenden Kollegen zu einem Workshop ein. 1/3 der eingeladenen Kollegen sagt im Vorfeld ab oder erscheint nicht zum Termin.

Die Workshopteilnehmer sind Techniker und Experten. Sie fragen, was getan werden muss, um zukünftigen Ausfällen vorzubeugen. Stichworte wie End-2-End (E2E) Monitoring, verbessertes CHM und Service Dependency Maps fallen und werden vertieft. Erschreckender Weise stellen Sie fest, dass einige Teilnehmer angeben, dass Sie schon vor 7 Monaten davor gewarnt hatten. Ähnliche, jedoch kleinere Vorfälle hatten in der Vergangenheit bereits gezeigt, dass beim Ausfall einer einzelnen Komponente niemand genau sagen kann, welche Services letztendlich von dem Ausfall betroffen sind. Jede Komponente wird von jemand anderem im Unternehmen überwacht (die Router von den Netzwerkkollegen, die Serverhardware von den Hardwarekollegen, das Betriebssystem von den Betriebssystemkollegen usw.). Ein Service wie bspw. E-Mail setzt sich jedoch aus vielen einzelnen dieser Komponenten zusammen. Alle Komponenten werden zwar für sich überwacht. Eine Überwachung in Gänze (E-Mail: funktioniert/funktioniert nicht) gibt es jedoch nicht. Da bei besagtem Ausfall ein falsches Routing eingespielt wurde, zeigten alle Komponenten richtigerweise ein Funktionieren an, jedoch funktionierte der Service E-Mail in Gänze nicht.

Nach dem Workshop schreiben Sie eine Zusammenfassung, bitten die Teilnehmer um ggf. Korrektur und senden die Zusammenfassung in einer ganz, ganz langen E-Mail an die Entscheidungsebene (10 Personen):

> Sehr geehrte Kolleginnen und Kollegen,
> auf Grund des großen Ausfalls bei unserem Kunden SuperConservative&More haben sich die Herren Müller, Maier, Schmitz und ich letzte Woche zusammengesetzt, um über proaktive Maßnahmen der Verbesserung der Servicequalität zu diskutieren.
> Hierbei haben wir überlegt, wie der Service heute und zukünftig verbessert werden kann. Wir haben im Rahmen eines Brainstormings herausgefunden, dass eine E2E Monitoring Initiative, die initiiert wurde aber vor gut 5 Monaten wieder eingestellt wurde, uns dabei helfen wird, ausfallende Komponenten wie bspw. den Cisco Router 7200 schneller zu identifizieren [...] Insbesondere die Zusammenarbeit der Bereiche SSE und GED müssen hierbei verbessert werden, da die LIM und SDM Kandidaten immer paarweise wechseln. Wir brauchen darüber hinaus auch Change-Approvals bei PL-übergreifenden Emergency Changes.
> [...]
> Ich möchte Sie bitten, dieses Vorhaben zu unterstützen.

Das Ergebnis Ihrer E-Mail ist, dass nur eine Person der To- oder Cc-Liste antwortet, in dem er die Mail an Peter Müller weiterleitet:

> @P. Müller: ich dachte die Cisco Router 7200 sind alle im Monitoring?

Dann kommt an alle eine Mail von Peter Müller:

> Ja sind sie!

Daraufhin antworten Sie – wieder an alle, da Herr Müller das ja nicht im Kontext sieht:

> *Sehr geehrter Herr Müller,*
>
> *die Cisco Router 7200 sind alle im Monitoring, werden aber alle nur lokal gemonitort! Das E-Mail System muss von Ende zu Ende überwacht werden. Wie Sie meiner u. a. Zusammenfassung entnehmen können [...]*

Dann kommt an alle eine Mail von Peter Müller:

> *Hallo Herr Kollege,*
>
> *alle Router werden hier bei uns überwacht. Der Ausfall des betreffenden Routers wurde von uns festgestellt. Es hat funktioniert. Was ist denn so schlimm, wenn der Kunde mal keine Mails bekommt?*

Schon fast verzweifelt senden Sie eine Mail wieder an alle – weil sonst noch alle denken, Herr Müller hätte gerade Ihr gesamtes Vorhaben ad absurdum geführt:

> *Hallo Herr Müller,*
>
> *in der Tat haben Sie den ausgefallenen Router erkannt. Während der Fehlersuche konnten die Kollegen, die die Mail Systeme betreuen, jedoch nicht sehen, dass das Problem beim Router lag. Genau aus diesem Grund benötigen wir ein E2E Monitoring! Das gab es bereits, wurde aber eingestampft.*
>
> *Überdies ist E-Mail für den Kunden wichtig, da das Handelssystem automatisiert über E-Mails funktioniert und [...]*

Sie erhalten keine Antwort mehr. Daher schreiben Sie wieder an alle:

> *Sehr geehrte Kolleginnen und Kollegen,*
>
> *ich habe bisher noch keine Antwort erhalten, ob Sie das vorgeschlagene Vorhaben (s. u.) unterstützen. Ich bitte Sie [...]*

Wieder kommt nur eine Antwort:

> *@P. Müller: Ist das jetzt mit den Cisco Routern geklärt?*

Und Peter Müller antwortet:

> *Ja. Alle Router sind im Monitoring.*

Das war's. Sie geben auf. Es verändert sich nichts.

5.3.2 Der Ablauf mit WARUM? WAS? WIE?

Wie könnte der Ablauf mit Hilfe des WARUM WAS WIE Prinzips aussehen? Vereinfachend werden wir diesen Ablauf in 3 Phasen unterteilen: Den Workshop (wie vorher auch), die Nachbereitung des Workshops sowie die Kommunikation an die Stakeholder.

5.3.2.1 Der Workshop

Der Workshop wird genauso vorbereitet wie vorhin beschrieben. Auch die Teilnehmer sind dieselben. Der Unterschied ist nun, dass Sie diesmal vor Ihrem Auditorium stehen und dieses in der folgenden Reihenfolge befragen bzw. die Diskussionen entsprechend strukturieren: WARUM WAS *Wie?*

WARUM?

Nachdem Sie die Teilnehmer im Workshop begrüßen und ihnen verdeutlichen WARUM Sie sie alle eingeladen haben fragen Sie sie die folgende Frage: *Der Ausfall des E-Mail Systems war schlimm für uns. Warum muss etwas verändert werden?*
Wahrscheinlich werden Sie nun mit großen Augen angeschaut. Der eine oder andere wird lächeln und seinen Sitznachbarn anschauen. Die Mehrheit der Teilnehmer hätte jetzt erwartet, das anzusprechen, was und wie man etwas verändern soll. Schreiben Sie ein großes *WARUM?* an die Tafel. Dann wiederholen Sie die Frage: *Sie alle sitzen in diesem Boot und sehen täglich, dass die Dinge nicht optimal laufen. Wenn Sie morgen etwas verändern könnten, warum? Was treibt diese Veränderung an? Welche Ziele verfolgen Sie damit?*
Nun beginnt der Brainstorming Teil. Das Auditorium wird Ihnen diverse Dinge nennen. Sie filtern diese Dinge nach dem wirklich wichtigen und achten darauf, dass der Grund, WARUM eine Veränderung stattfinden muss, im Fokus steht.

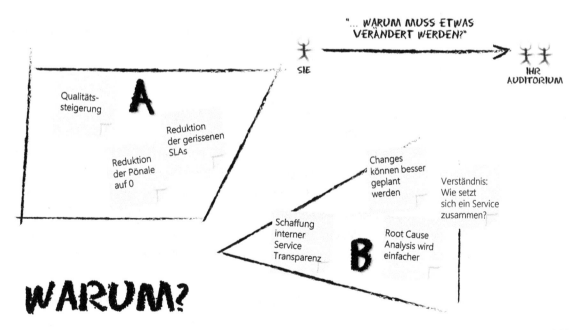

Nach einiger Zeit und einigem hin- und her stehen folgende Aussagen gefiltert und thematisch gruppiert an der Tafel. Notieren Sie sich separat, was mit den Aussagen inhaltlich verbunden ist:

- Gruppe A:
  - *Qualitätssteigerung*:
    - Oberstes Ziel muss die Steigerung der Qualität sein.
    - Dafür steht Ihr Unternehmen und dies ist Beschluss des Vorstandes, dass die Qualität 100% erfüllen muss.
    - Das ist bei diesem Kunden nicht der Fall.
  - *Reduktion der Pönale auf 0*:
    - Sie müsstem Ihrem Kunden eigentlich monatlich 10 € in Rechnung stellen.
    - Da Sie die Qualität permanent nicht erfüllen können müssen Sie die vertraglich vereinbarten Pönale zahlen.
    - Sie stellen Ihrem Kunden jeden Monat nur 7-10 € in Rechnung
  - *Reduktion der gerissenen SLAs*:
    - Die Pönale sind vertraglich an die Erfüllung einzelner SLAs[36]
    - Da der SLA für E-Mail und andere wichtige Services auf Grund der Kritikalität vertraglich sehr hoch angesetzt ist, zahlt Ihr Unternehmen bei den kritischen Services besonders hohe Strafen, wenn die zugesagte Qualität vom gelieferten Wert abweicht.
    - Jeder gerissene SLA bedeutet Strafzahlungen.
- Gruppe B:
  - *Schaffung interner Service Transparenz*: Das Hauptproblem bei der Erbringung eines kritischen, komplexen Services ist, dass keiner der Beteiligten weiß, aus welchen Teilkomponenten sich der Service zusammensetzt. Jeder schaut nur auf seine Komponente, nicht jedoch auf das große Ganze. Ein Service wie bspw. E-Mails setzt sich aus Netz-, Storage-, Server- und Software Komponenten zusammen. Für jede Komponentenbauart ist jemand anderes verantwortlich.
  - *Verständnis: Wie setzt sich ein Service zusammen?*: Da für jede Komponente eine andere Person zuständig ist und diese isoliert voneinander arbeiten, ist es wahrscheinlich, dass niemand genau weiß, wer seine Dienstleistung in Anspruch nimmt. Dies ist jedoch essentiell wichtig, da man bei Änderungen denjenigen informieren muss, dessen „Kunde" man selbst ist. Wenn beispielsweise der Verantwortliche für das Betriebssystem entscheidet, den neusten Microsoft Security

---

[36] **S**ervice **L**evel **A**greement: die vertragliche Vereinbarung bzgl. Qualität und Preis einer Dienstleistung

Patch einzuspielen, dann sollte er diejenigen informieren, die sein Betriebssystem nutzen: den Verantwortlichen für das Exchange System, den Service Manger für E-Mail und den Kunden. Leider ist der Verantwortliche für das Betriebssystem auf den Servern A2327, A2328 und A2329, das zufälligerweise das Exchange System des Kunden *SuperConservative&More* beherbergt, ein armer kleiner Systemadministrator, der 200 Windows Server betreut. Und dieser Administrator weiß eigentlich gar nicht, welche Services oder sogar Kunden mit *seinen* Servern betrieben werden. Das 4-Augenprinzip macht es nicht besser – denn dann sitzen sprichwörtlich 2 Blinde vor dem Bildschirm.

o   *Changes können besser geplant werden*: Da teilweise völlige Intransparenz bzgl. der Zusammenhänge komplexerer Systeme herrscht ist eine Veränderung der Ist-Situation insofern hilfreich, dass sie Changes (z. B. Einspielen des Security Patches) besser planen lässt.

o   *Root Cause Analysis wird einfacher*: Wenn ein E-Mail System nicht mehr funktioniert muss man nicht nur den Fehler schnellstmöglich feststellen. Man muss auch in kürzester Zeit bei der Fehleranalyse herausfinden, worin der Fehler begründet ist. Wenn diejenigen, die sich um die schnelle Problemidentifikation und –behebung kümmern wüssten, aus welchen Komponenten sich ein Service wie E-Mail zusammensetzt, dann könnten Sie auch schneller prüfen, wie der Fehler begründet ist.

WAS?

Sie wiederholen nun vor dem Auditorium, WARUM sie eine Veränderung anstreben sollten. Sie schreiben ein großes *WAS?* an die Tafel. Dann fragen Sie: *Nachdem wir nun geklärt haben, WARUM wir etwas verändern müssen, sagen Sie mir doch nun WAS sie organisatorisch verändern müssen, damit sie die erwarteten Mehrwerte erzielen?*

Sie zeichnen nun die folgende Tabelle an die Tafel und fragen ab, was man bzgl. Personen, Prozesse und Tools verändern soll:

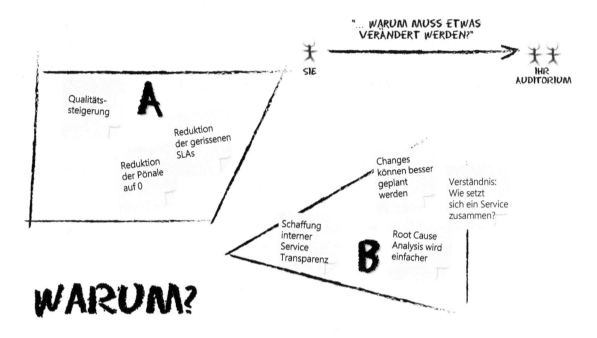

Nach einiger Zeit und einigem hin- und her stehen folgende Aussagen gefiltert und thematisch gruppiert an der Tafel. Notieren Sie sich separat, was mit den Aussagen inhaltlich verbunden ist:

- Personen:
  - Starte mit:
    - *1 Hauptverantwortlicher pro Service*: Für jede kritische Service Kette (wie bspw. E-Mail) muss es einen Hauptverantwortlichen geben, der jegliche Änderungen am gesamten Service (also incl. der Service Packs und Routingtabellen) verantwortet.
  - Hör auf mit:
    - *Silodenken der Abteilungen*: Da aktuell alle Abteilungen, die Komponenten zu kritischen Services (z. B. Betriebssystem) unabhängig voneinander arbeiten und auch nicht dafür interessieren, muss genau dies gestoppt werden.
    - *„I don't care" Prinzip*: Jeder arbeitet für sich und ist für seine „Komponente" verantwortlich. Nicht jedoch für den gesamten Service. Das muss sich ändern.
- Prozesse:
  - *Problemanalyse Einheiten übergreifend*: Wenn ein Problem auftritt (z. B. fällt das E-Mail System aus), dann wird das Problem aktuell von derjenigen Einheit analysiert,

deren Komponente (z. B. ein Router), einen Fehler meldet. Da ein Service sich jedoch aus mehreren Komponenten zusammensetzt (der sog. Service Kette), ist es erforderlich, dass im Fall eines auftretenden Problems, alle betroffenen Organisationseinheiten übergreifend das Problem analysieren.

- o *Servicekettenverständnis*: Damit die Qualität der erbrachten Dienstleistung (z. B. ein E-Mail System) steigt, müssen alle an dieser Dienstleistung Beteiligten wissen, welcher Teil des Ganzen sie selbst sind. Insbesondere muss jeder Teil wissen, von wem man beliefert wird und wen man selbst beliefert. So muss bspw. derjenige, der für den Router zuständig ist, wissen, dass an seinem Router der Kantinenserver mit dem aktuellen Speiseplan von *SuperConservative&More* hängt sowie der extrem kritische E-Mail Service.

- o *Monitoring der gesamten Service Kette*: Prozessural muss es eingerichtet werden, dass die Komponenten einer Service Kette Service übergreifend überwacht werden. Während aktuell nur einzelne Komponenten autonom überwacht werden kann es bspw. dazu kommen, dass jeder zuständige Bereich meldet, dass eine Service Kette E-Mail als „verfügbar" angenommen wird, diese Service Kette in Gänze (also von Anfang bis Ende) jedoch nicht verfügbar ist, weil z. B. ein Router zwischendurch alle eingehenden Anfragen ins Nirwana sendet.

- o *Testen des Changes im Testsystem*: Wenn ein Change (z. B. ein Softwareupdate oder ein Kabeltausch) durchgeführt wird, dann sollte dies vorher im zur Verfügung stehende Testsystem erprobt werden.

- Tools:
  - o Starte mit:
    - ▪ *Testplattform zur Verfügung stellen*: Um testen zu können, benötigt man eine produktionsnahe Umgebung.
    - ▪ *Gemeinsamer Change Kalender*: Für den Betrieb eines Services sind mehrere Einheiten zuständig. Jede Einheit plant aktuell ihre Changes selbständig. So kommt es bspw. vor, dass diejenigen, die für das Betriebssystem (z. B. Windows Server) zuständig sind, am Wochenende den längst fälligen Security Patch einspielen wollen. Die reibungslose Durchführung eines solchen Changes funktioniert nur, wenn alle anderen Lieferanten wissen, dass ein solcher Change ansteht und entsprechend bereit stehen. Parallel könnten andere Einheiten dieses Wartungsfenster nutzen, um eigene Changes am System durchzuführen (z. B. neue Routingtabellen aufspielen).

- *Eine CMDB für alle Einheiten festlegen*: Aktuell ist es so, dass jede Einheit ihre eigene CMDB hat, in der die eigesetzten Komponenten verwaltet werden. So pflegt die Einheit, die für die Netze zuständig ist die Daten eines Routers in einer anderen CMDB als die Einheit, die für das Betriebssystem zuständig ist. Wenn es nun zu einem Problemfall kommt, wird zunächst geschaut, was gegenüber gestern an den Komponenten der Service Kette verändert wurde. Da es jedoch mehrere CMDBs gibt und keine zentrale, ist dies quasi unmöglich. Eine Verknüpfung der Komponenten zur Service Kette E-Mail ist nicht möglich.
  - Hör auf mit:
    - *In 3 getrennten CMDBs arbeiten*: Wie bereits geschildert arbeitet jede Einheit mit Ihrer eigenen CMDB. Das muss aufhören.

Interessanter Weise befindet Ihr Auditorium die aktuellen Handlungen außerhalb der o. g. Veränderungen als entsprechend angemessen.

Nachdem Sie nun alle organisatorisch begründeten Veränderungen identifiziert haben, müssen Sie sie gruppieren und zu wiederverwendbaren Oberthemen zusammenführen. Ihr Ziel muss es sein, die BDN so schlank und übersichtlich wie möglich zu halten.

Das Ergebnis sind die folgenden 3 Themenbereiche:

1. *Service Ketten*: Hier gruppieren Sie alle Veränderungen, die sich auf die Erstellung von Service Ketten beziehen.
2. *CHM + PRM + INM Optimierung*: Alle Veränderungen, die die ITIL Prozesse tangieren, werden hier zusammengefasst.
3. *E2E Monitoring*: Alle Veränderungen rund um das Ende-zu-Ende Monitoring (also vom Outlook User am PC bis zur Festplatte, auf der sein E-Mail Postfach gespeichert ist).

Test-Plattform zur Verfügung stellen

EINE CMDB für alle Einheiten festlegen

„I don't care!"

Testen des Changes im Testsystem

CHM + PRM + INM OPTIMIERUNG

in 3 getrennten CMDBs arbeiten

1 Hauptverant-wortlicher pro Service

Gemeinsa-mer Change Kalender

Problemana-lyse Einheiten übergreifend

SERVICE KETTEN

Serviceketten-verständnis

Silodenken der Abteilungen

Monitoring der gesamten Service Kette

E2E MONITORING

WIE?

Sie wiederholen nun vor dem Auditorium, WARUM sie eine Veränderung anstreben sollten. Sie wiederholen, WAS verändert werden sollte, womit begonnen werden sollte, was beendet werden sollte und was gut läuft.

Sie schreiben nun ein großes *WIE?* an die Tafel. Dann fragen Sie: *Nachdem wir nun geklärt haben, WARUM wir etwas verändern müssen und WAS organisatorisch verändert werden soll, sagen Sie mir nun, WIE diese Veränderungen umgesetzt werden können?*

Nutzen Sie zur Strukturierung der Ergebnisse die zuvor gebildeten Themenbereiche.

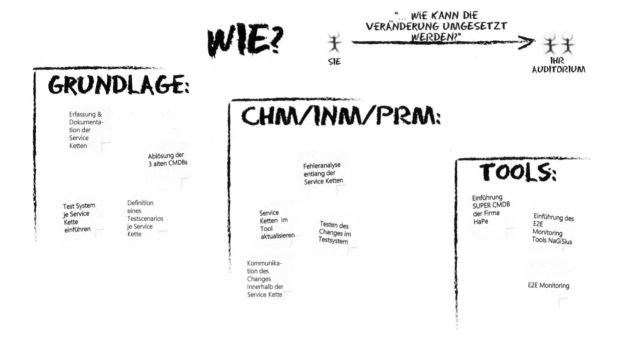

Nach einiger Zeit und einigem hin- und her stehen folgende Aussagen gefiltert und thematisch gruppiert an der Tafel. Notieren Sie sich separat, was mit den Aussagen inhaltlich verbunden ist:

- Grundlage = *Service Ketten*
  - *Erfassung & Dokumentation der Service Ketten*: Bevor irgendein Tool eingesetzt werden kann und Prozesse optimiert werden können, müssen die Service Ketten überhaupt erst einmal erfasst und dokumentiert werden: aus welchen Komponenten und in welcher Reihenfolge setzt sich bspw. ein E-Mail System vom User am Desktop oder iPhone bis zur Festplatte im Rechenzentrum zusammen? Wer ist für die einzelnen Komponenten zuständig? Haben alle Komponenten der Service Kette denselben SLA wie der Haupt-Service E-Mail? usw.
  - *Einführung SUPER CMDB der Firma HaPe*: Damit wir von 3 verschiedenen CMDBs hin zu einer zentralen kommen, benötigen wir das Tool *SUPER CMDB*, welches uns in die Lage versetzt, alle unterschiedlichen Komponententypen (Netz, Storage etc.) adäquat zu verwalten.
  - *Einführung des E2E Monitoring Tools NaGiSius*: Damit wir die gesamte Service Kette wie z. B. E-Mail auch auf dessen Verfügbarkeit überprüfen können, benötigen wir ein End-2-End Monitoring Tool. *NaGiSius* erscheint am sinnvollsten.
  - *Test System je Service Kette einführen*: Damit wir einen Change (z. B. ein Software Update oder einen Hardwareaustausch) testen können, bevor wir diese

Veränderung am produktiven System ausführen, benötigen wir ein adäquates Test System pro Service Kette.

- o *Definition eines Testszenarios je Service Kette*: Wann ist ein Service wie E-Mail Verfügbar und wann nicht? Wie kann man testen, ob der Service nach einem Change immer noch verfügbar ist oder nicht? Um dies zu beantworten bedarf es vordefinierter Testszenarien, die nach einem Change durchgeführt werden.

- CHM = Optimierung des Change Managements
  - o *Service Ketten im Tool aktualisieren*: Die Service Ketten müssen in die Tools übertragen und dort auch gepflegt werden.
  - o *Testen des Changes im Test System*: Bevor ein Change durchgeführt wird muss er im Test System erprobt werden.
  - o *Kommunikation des Changes innerhalb der Service Kette*: Bevor ein Change durchgeführt wird, muss der Change an alle Verantwortlichen innerhalb der Service Kette kommuniziert werden. So weiß jeder Beteiligte, dass etwas verändert wird.

- INM = Optimierung des Incident Managements
  - o *Fehleranalyse entlang der Service Ketten*: Tritt ein Fehler auf, sollte die Fehleranalyse entlang der Service Kette erfolgen. Auch sind alle Verantwortlichen der Service Kette einzubinden.
  - o *E2E Monitoring*: Um einen Fehler im Service z. B. E-Mail schnellstmöglich identifizieren zu können muss E2E-Monitoring aktiviert werden.

Bevor Sie mit den Maßnahmen CHM und INM beginnen können, müssen die Grundlagen erfüllt sein. Diese Information hat Auswirkungen auf einen Projektplan.

5.3.2.2 Die Aufarbeitung der Workshop-Ergebnisse

Die BDN dient Ihnen als Navigationsgerät Ihres Vorhabens: Sie wollen etwas verändern, doch WARUM und WAS wollen Sie verändern? WIE sieht diese Veränderung konkret aus?
Nachdem Sie den Workshop bereits mittels WARUM, WAS und WIE strukturiert haben, beginnen Sie nun mit der Aufarbeitung der Ergebnisse sowie der Kosmetik.

Das **WARUM** muss im Unternehmenskontext gesehen werden: in jedem Unternehmen gibt es Leitlinien und intern sowie extern kommunizierte Ziele. Diese finden Sie im Geschäftsbericht, im Intranet oder bei Google[37]. Strukturieren Sie die Ergebnisse Ihrer Recherche nach Treibern, Investitionsziele und Nutzen. Filtern Sie Ihre Ergebnisse nach Relevanz im Kontext dieses Vorhabens. Assoziieren Sie anschließend Ihre Workshopergebnisse aus dem WARUM Abschnitt mit den Ergebnissen Ihres Unternehmenskontextes.

WARUM?

Ihr Ergebnis:

- Treiber:
  - *Kompetenz*: Eine Leitlinie Ihres Unternehmens ist die Steigerung der Kompetenz. Um auf dem Markt bestehen zu können, müssen Ihre Kunden Vertrauen haben, die kritischen Systeme Ihrem Unternehmen beruhigt übergeben zu können.
  - *Profitabilität*: Um auch zukünftig am Markt mit innovativen Produkten und Dienstleistungen auftreten zu können, muss Ihr Unternehmen profitabel arbeiten. Dies ist ein weiterer Leitsatz Ihrer Geschäftsführung.

---

[37] z. B. wenn ein leitender Angestellter einmal interviewt wurde

- Investitionsziele:
  - *Quality means success*: Um unternehmensweit die Qualität der Dienstleistung sicherzustellen und um dies als ein Instrument für die Differenzierung gegenüber dem Wettbewerb ausweisen zu können, hat Ihr Vorstand dieses Programm ins Leben gerufen.
  - *Factory 5.0*: Ihr Vorstand ist der Meinung, dass qualitativ hochwertige Dienstleistungen zu niedrigen Preisen nur durch hochautomatisierte Produktionsstraßen erreicht werden. Hierzu wurde das Programm *Factory 5.0* vor einem Jahr ins Leben gerufen.
- Nutzen:
  - Ihr Vorstand hat in einem Interview erwähnt, dass das von ihr ins Leben gerufene Programm *Quality means success* folgenden Nutzen verspricht:
    - *Weniger Ausfälle*: dieser Nutzen passt ideal zu Ihrem Workshop Ergebnis **Reduktion der Pönale auf 0**. Je mehr ausfällt, desto höher sind die Strafzahlungen Ihres Unternehmens an seine Kunden. Auch kann Ihr Ergebnis **Reduktion der gerissenen SLAs** hiermit assoziiert werden, da die SLAs das Messkriterium für die vertragliche Erfüllung der Dienstleistung sind.
    - *Mehr Service Qualität*: Hierzu passt **Qualitätssteigerung.** Da sich beide Begriffe überschneiden, übernehmen Sie den ersten Terminus.
    - *Schnelleres Beheben von Problemen*: Von Ihrem Vorhaben versprechen Sie sich: Root Cause Analysis wird einfacher.
  - Im Intranet ist folgender Nutzen mit dem Programm *Factory 5.0* verbunden:
    - *Mehr interne Transparenz*: Die historisch gewachsene Struktur Ihrer Organisation verhindert oftmals die Interaktion einzelner Einheiten. Diese funktionieren nach Außen wie Black Boxen. Dies ist nicht immer geeignet, um einen qualitativ hochwertigen Dienst zu erfüllen. Daher versucht Ihr Unternehmen, die Black Boxen zu Grey Boxen zu machen.
    - *Optimierung von Prozessen, Tools & Menschen*: Ihr Unternehmen hat sich dazu verpflichtet, diese Optimierungen kontinuierlich durchzuführen. Hiermit können Sie assoziieren: **Schaffung interner Service Transparenz**, **Verständnis: Wie setzt sich ein Service zusammen?** sowie **Changes können besser geplant werden**.

Sie übertragen diese Ergebnisse nun in die BDN, die dadurch an Komplexität zunimmt.

WARUM?

Treiber	Investitionsziele	Nutzen
Kompetenz	*Quality means Success*	*Weniger Ausfälle*
		Reduktion der Pönale auf 0 durch SLA Treue
		Mehr Service Qualität
		Schnelleres Beheben von Problemen
		Root Cause Analysis wird einfacher
		Verstehen, wie sich ein Service zusammensetzt
Profitabilität	*Factory 5.0*	*Mehr interne Transparenz*
		Changes können besser geplant werden
		Optimierung von Prozessen, Tools und Menschen

Nun gehen Sie über zum **WAS**. Bereits während des Workshops haben Sie zusammen mit den Teilnehmern die Gruppierung der nötigen organisatorischen Veränderungen durchgeführt. Übertragen Sie diese in die BDN.

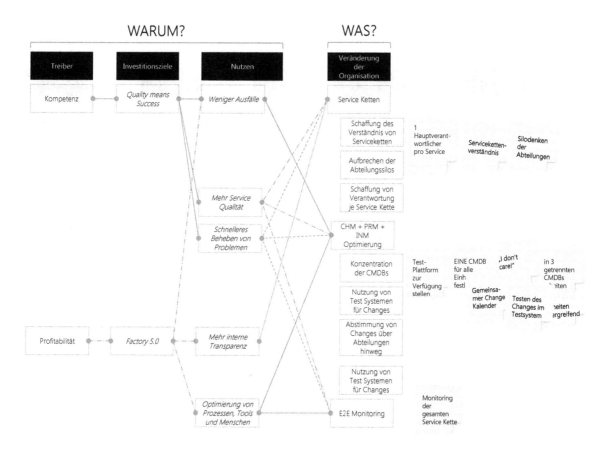

Zum Schluss betrachten Sie das **WIE**. Sie unterteilen die im Workshop identifizierten Punkte in Maßnahmen und Technologien. Anschließend verbinden Sie die Punkte mit den in Bezug stehenden *Veränderungen der Organisation*.

Sie erhalten folgendes Ergebnis:

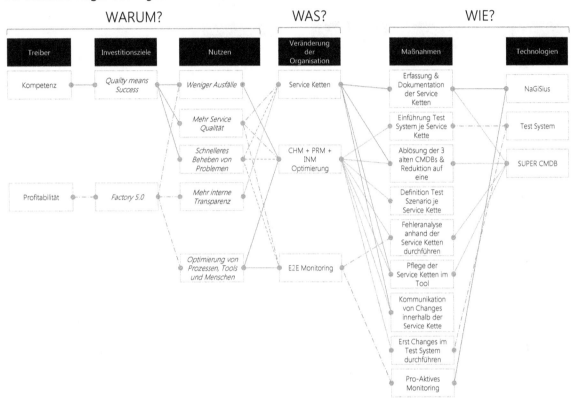

Zum Schluss überlegen Sie sich einen groben **ZEITPLAN**. *Welche der vorgeschlagenen Veränderungen der Organisation dauern wie lange und in welcher Abhängigkeit stehen Sie zueinander?*

Anhand der Daten und Analyse wissen Sie, dass die Erhebung der Service Ketten das erste und wichtigste Element Ihres Vorhabens ist. Ohne dieses können Sie sämtliche Optimierungen oder Tool-Einführungen getrost vergessen. Erst danach können Sie damit beginnen die ITIL Prozesse PRM, CHM und INM zu optimieren. Das E2E Monitoring kann erst dann gestartet werden, wenn die Service Ketten erfasst sind.

Folgender Zeitplan ergibt sich:

5.3.2.3 Kommunikation an die Stakeholder

Nachdem Sie die Analyse abgeschlossen haben und wissen, WARUM etwas verändert werden muss, WAS verändert werden muss und WIE diese Veränderung konkret umgesetzt wird, müssen Sie Ihre Erkenntnisse an das Auditorium übermitteln.

Da man in Ihrem Unternehmen die entscheidungsbefugten Manager nicht einfach zu einem Workshop einladen kann, in dem Sie Ihnen Ihre Botschaft übermitteln können, müssen Sie es zunächst per E-Mail versuchen.

Kennen Sie auch diese E-Mails, die ewig viel Text haben und bei denen Sie sich fragen: *was will Herr Müller oder Frau Maier mir eigentlich mitteilen?*

Situation – Complication - Solution

In Ihrem exzellenten Buch *The Pyramid Principle* erklärt Barbara Minto recht umfassend, wie eine Nachricht im Geschäftsleben formuliert werden muss, damit sie für jedermann klar verständlich ist. Eine Nachricht kann ein Vortrag oder auch einfach nur eine E-Mail sein. Die schwierigste Aufgabe ist es, die richtige Struktur mitsamt der richtigen Formulierungen zu finden. Minto unterteilt ein Dokument in 3 Bereiche:[38]

BETREFF

SITUATION

COMPLICATION

SOLUTION

A) ...
B) ...
C) ...

In dem Abschnitt *Situation* machen Sie eine kurze & präzise Aussage über den Betreff. Sie müssen dem Leser etwas erzählen, dem er direkt zustimmen muss. Sie erzählen Ihm etwas, was er oder sie bereits weiß. Sie müssen die Erwartung wecken, dass im nächsten Abschnitt etwas Interessantes folgen wird. Beispiel: „In Zeiten von Kosteneinsparungen bei gleichzeitig steigenden Qualitätsansprüchen der Kunden steigt der Druck auf die bereits seit Jahren ausgedünnten Betriebsteams."

Im Abschnitt *Complication* wird die Verflechtung innerhalb der Geschichte, die Sie erzählen möchten, ausgedrückt. Sie beschreiben, was von dem initial beschriebenen Ist-Zustand abweicht. Ihr Auditorium muss mit diesem Abschnitt eine Frage verbinden. Beispiele sind:

- Etwas läuft schief: *Was sollen wir tun?*
- Etwas wird schief laufen: *Wie können wir es verhindern?*
- In dieser Situation haben wir 3 Alternativen: *Welche sollen wir nehmen?*

---

[38] vgl. Minto, Barabara, *The Pyramid Principle*, 3rd Edition, S. 40ff

Der Leser muss nach maximal 30 Sekunden mit dem Lesen der beiden Abschnitte fertig sein und sich seine Fragen im Kopf gestellt haben. Danach schaltet er ab oder hört auf die E-Mail zu lesen.

Im Abschnitt *Solution* strukturieren Sie Ihr eigentliches Anliegen und verteidigen die These, die sie im Abschnitt *Complication* aufgestellt haben.

Minto gibt 3 mögliche Variationen der 3 Abschnitte an, mit denen Sie situativ Ihr Auditorium zum Lesen Ihres Schriftstücks ermutigen:

- Situation – Complication – Solution:
    - Diese Reihenfolge wenden Sie an, wenn Sie wohlüberlegt handeln.
    - Sie haben sich Gedanken über die Situation gemacht und gefragt, wie man das Problem lösen bzw. die Situation verbessern kann.
- Solution – Situation – Complication:[x]
    - Diese Reihenfolge wenden Sie an, wenn Sie Ihr Auditorium direkt in medias res ansprechen.
    - Jeder im Auditorium ist seit Langem eingeweiht in die Situation und kenn die Verflechtung.
- Complication – Situation – Solution:
    - Diese Reihenfolge wenden Sie an, wenn Sie Betroffenheit ausdrücken wollen.
    - Alles ist kompliziert. Sie sitzen mittendrin. Da ist der Ausweg.

Die Power Message

Nachdem Sie nun wissen, wie ein Text grundsätzlich strukturiert werden sollte, müssen Sie nun die sog. *Power Message* finden. Die *Power Message* ist die einfach formulierte Botschaft, die die Aufmerksamkeit Ihres Auditoriums (in diesem Fall: die Leser Ihrer E-Mail) erregt. Die *Power Message* ist kurz, prägnant und quasi wach rüttelnd. Sie kann bspw. aus dem WARUM abgeleitet werden und adressiert das *Alte Gehirn*.

Betrachten Sie nun den Bereich Ihrer Analyse, der die Treiber, Investitionsziele sowie den Nutzen aufzeigt. Welche Botschaft steckt hier verborgen? Ihr Unternehmen möchte profitabel sein? Ihr Unternehmen möchte mit weniger Ausfällen rechnen? Nein! Diese Informationen sind nüchtern und grundlegend wie die Botschaften „im Sommer ist es warm" und „wir wollen die Klimaerwärmung stoppen".

Sie müssen sich fragen, welche Botschaften hinter den grundlegenden Informationen verborgen sind: was bedeutet „Weniger Ausfälle"? Durch das Befragen der Experten oder das Hinterfragen wie viele Ausfälle tatsächlich vermeidbar wären, kommen Sie zu der beeindruckenden *Power Message*, dass 10 von 40 Ausfällen des letzten Jahres vermeidbar gewesen wären, wäre Ihr Vorhaben bereits umgesetzt worden. Weiterhin stellen Sie fest, dass 65% aller Ausfälle innerhalb des vertraglich vereinbarten SLAs hätten behoben werden können, wäre Ihr Vorhaben bereits umgesetzt. Da die SLAs gerissen werden zahlen Sie Pönale – und dies summiert sich auf 200.000 € pro Quartal. Ihr Kunde zahlt pro Quartal zwar Millionen, aber auf dieses Geld verzichtet Ihr Unternehmen Dank Status quo.

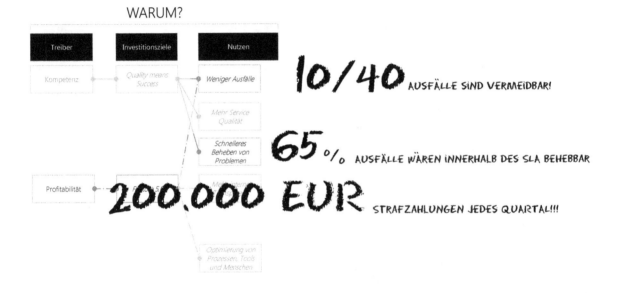

Die E-Mail

Sie haben 4 Personen identifiziert, die entscheidungsbefugt sind, Ihr Vorhaben in die Wege zu leiten. Anstatt alle in einer E-Mail anzuschreiben, schreiben Sie jeden einzeln an und bitten um ein vertiefendes Gespräch. Unter diesen Personen ist u. a. auch Frau Müllermaier-Schmitz, die den Betrieb für *SuperConservative&More* verantwortet – inklusive der Kosten und Einnahmen.

Sehr geehrte Frau Müllermaier-Schmitz,

SITUATION

*die Profitabilität ist das Ziel unseres Unternehmens. Die Profitabilität bzgl. des Kunden SuperConservative&More obliegt Ihrer Verantwortung. **Sie verzichten jedes Quartal auf 200.000 € Einnahmen.***
*Gemeinsam mit unseren Experten habe ich eine Lösung erarbeitet, um die Profitabilität sicherzustellen. **Ich bitte Sie um ein vertiefendes Gespräch.***

COMPLICATION

Die Ausfälle beim Kunden SuperConservative&More haben sich im Stillen gehäuft. Daher habe ich im letzten Monat zusammen mit diversen Experten die aktuelle Situation analysiert.
*Ausfälle können passieren, doch ¼ **aller Ausfälle beim Kunden SuperConservative&More könnten verhindert werden.***
*Unsere Prozesse greifen, unser Monitoring schlägt an. Jedoch sind wir nicht schnell genug. **65% aller Ausfälle könnten innerhalb der vertraglich vereinbarten Zeiten behoben werden.***

SOLUTION

Der gemeinsam mit unseren Experten erarbeitete Lösungsvorschlag unterstützt die Ziele unseres Unternehmens: Quality means Success & Factory 5.0. Folgende Initiativen sind zu ergreifen:
- *Service Ketten:*
  - *Service Ketten sind die Grundlage für das Betreiben kritischer Dienste wie bspw. E-Mail.*
  - *Eine Service Kette beschreibt, wie sich ein Dienst zusammensetzt: welche technischen Komponenten und Dienste sind in welcher Reihenfolge wie miteinander verbunden.*
  - *Obwohl wir solche Dienste für SuperConservative&More bereitstellen. fehlt uns die Transparenz, wie sich ein Dienst von Anfang bis Ende zusammensetzt.*
  - *Im Rahmen dieser Initiative müssen wir schnellstmöglich die Service Ketten der kritischsten Dienste identifizieren.*
  - *Hiermit bilden wir die Grundlage, um die Pönale wirklich auf 0*

> *reduzieren zu können. Auch wird die Root Cause Analyse beschleunigt.*
>
> - *CHM + INM + PRM Optimierung:*
>   - *...*
>   - *...*
> - *E2E Monitoring:*
>   - *...*
>   - *...*
>
> *Details folgen im vertiefenden Gespräch mit Ihnen.*
> *Mit freundlichen Grüßen,*
> *...*

5.3.2.4   Überblick & Zusammenhang

Im Gegensatz zum Ansatz ohne WARUM, WAS, WIE strukturieren Sie den Workshop bereits gemäß der 3 Hauptfragen. Sie fragen die Teilnehmer: *Sie alle sitzen in diesem Boot und sehen täglich, dass die Dinge nicht optimal laufen. Wenn Sie morgen etwas verändern könnten, warum? Was treibt diese Veränderung an? Welche Ziele verfolgen Sie damit?*

Anschließend fragen Sie die Teilnehmer *WAS sie organisatorisch verändern müssen, damit sie die erwarteten Mehrwerte erzielen?*

Im letzten Teil des Workshops fragen Sie *WIE diese Veränderungen umgesetzt werden können.*

Nach dem Workshop erstellen Sie die BDN und mischen die Workshop Ergebnisse mit dem Unternehmenskontext – den Leitlinien und intern sowie extern kommunizierten Zielen.

Sie schätzen einen groben Zeitplan und stellen die Prioritäten Ihrer Initiativen dar. Dann beginnen Sie erst damit die entscheidenden Personen zu identifizieren und strukturieren die Botschaft gemäß Situation – Complication – Solution. Sie reichern die Situation mit klaren Power Messages an, damit der Leser Ihrer E-Mail neugierig wird und weiterliest.

VIELEN DANK!

Folgen Sie doch einfach dem Blog. Dort gibt es noch mehr Beispiele.
Das Passwort ist WARUMWASWIE.

 #warumwaswie

http://warumwaswie.wordpress.com

---

[i] Wer an dieser Stelle die Verbindung zum klassischen Anforderungsmanagement herstellt, der möge bitte in den Anhang sehen.

[ii] Vgl. b2bmarking.net / Branding: Emotion in marketing

[iii] Anmerkung: Ich rede an dieser Stelle absichtlich nicht von einem Projekt. Ein Projektleiter ist gut im Aufbau eines detaillierten Projektplans und der Kontrolle desselben. Bei einem Vorhaben sind Sie ein Missionar – also ein Gesandter, der seinen Glauben verbreitet. Wir haben es hier zwar nicht mit religiösem Glauben zu tun, aber mit der Identifikation mit der Sache. Die Parallelen zur Religion sind seit Apple's Erfolg nicht ganz abwegig: die Anthropologin Kirsten Bell von der University of British Columbia hat beispielsweise in einem Bericht festgehalten, dass Apple ihrer Meinung nach alle Definitionspunkte für einen Kult oder eine Religion erfüllt.

[iv] In Anlehnung an Peterson, Erik / Riesterer, Tim, *Conversations That Win The Complex Sale*, 2011, S. ix

[v] Ich möchte an dieser Stelle noch erwähnen, dass es auch viele Menschen gibt, die keine Entscheidungen treffen können. Sie wägen ewig rationale Elemente ab, und finden nicht zu einem Entschluss. Diese Menschen bringen uns mit unserem Vorhaben aber nicht weiter. Es gilt sie zu identifizieren, ggf. zu informieren aber nicht auf sie zu warten.

[vi] Die Zahlen übertriefen die des Vorjahres. Jedoch waren sie noch weit weg von der 30%igen Zielmarke, die es schließlich zu übertreffen gilt, wenn man nicht nur ein „ausreichend" im Jahresendzeugnis bekommen möchte. Und wer möchte schon angesichts einer jährlich praktizierten Personalaustauschquote von mindestens 10% nur ausreichende oder gar befriedigende Leistung erbringen?

[vii] Eine Anmerkung hierzu, da diese Analogie immer wieder von Motivatoren und Trainern verwendet wird: Die Athleten sind nicht wirklich schneller geworden. David Epstein relativiert in seinen brillanten TED Talk *Are athletes really getting faster, stronger, better?* die These, dass die 10 Sekunden Marke eine mentale Barriere für 100m Läufer darstellte, die erst durch Jim Hines 1968 durchbrochen wurde. Die mentale Barriere ist zwar relevant, doch in Wirklichkeit ist es vielmehr die Kombination aus Technik und genetischer Veranlagung, die heute für höhere Zielerreichung sorgt als noch vor einigen Dekaden: während man früher auf Asche lief, Brandy und kleine Dosen Rattengift zu einem leistungssteigernden Energydrink mixte, und nur gelegentlich trainierte, nutzt man heute High-Tech Bodenbeläge, startet nicht aus dem freien Stand sondern mittels einer Fußstütze und trinkt isotonische Getränke. Während man früher davon ausging, dass der durchschnittliche Körperbau die Grundlage für den idealen Athleten in jeglicher Disziplin ist, gibt es heute für jede Sportart ideale Körperbauten: Erfolgreiche NBA Basketballer sind nicht nur unglaublich groß, sie haben auch überproportional lange Arme. Erfolgreiche Kunstturner sind heute kleiner und leichter als früher. Erfolgreiche Schwimmer haben überproportional längere Unterarme und längere Oberkörper als Unterkörper. Im Gegensatz dazu haben erfolgreiche Läufer überproportional längere Beine. Die mentale Barriere, dass jemand vor einem selbst einen Rekord gebrochen hat, motiviert viele andere, auch diesen Rekord zu brechen. Dieser jemand hat gezeigt, dass es möglich ist.

[viii] Viele glauben, durch erfolgreiche Gastredner, die in Großveranstaltungen auf die Bühne kommen und von Menschen und Situationen berichten, in denen Großes vollbracht wurde, die Masse zu überdurchschnittlichen Leistungen anregen zu können. Nach dem Motto: „Die Zahlen sind mies. Die Motivation ist am Boden. Holen wir den Motivationsguru!" Die Nachhaltigkeit dieser Vorträge ist gering. Solche Einsätze dienen eher als Bonus. Der Mitarbeiter muss den geschilderten Heroismus („Ich habe mit nur 8 Zehen den Mount Everest erklommen und war mit 7 zurück in Deutschland") auf seine Situation übertragen („Der Markt ist gesättigt und die Konkurrenz hat mehr Features und ist 40% günstiger").

[ix] Ausgenommen sind natürlich Produkte und Vorhaben, bei denen Sie niemanden überzeugen müssen. Denken wir hier einmal an die iPhone Einführung.

[x] Dies ist übrigens die am häufigsten in der IT verwendete Methode. Der Autor einer E-Mail oder eines Dokuments im Allgemeinen nimmt an, dass der Leser ja schon weiß, wovon der Autor spricht. Er fällt quasi mit der Tür ins Haus.

www.ingramcontent.com/pod-product-compliance
Lightning Source LLC
Chambersburg PA
CBHW080420060326
40689CB00019B/4320